Rosen

Die schönsten Sorten und ihre Pflege

THOMAS HAGEN

blv

Was Sie in diesem Buch finden

Rosenvielfalt
für jeden Garten

Die Rose – Königin der Blumen

Kaum ein Garten kommt ohne Rosen aus, sie sind **die mit Abstand beliebtesten Gartenpflanzen**. Dies gilt nicht nur in jüngster Zeit, sondern schon vor Jahrhunderten war man von ihren Blüten und ihrem Duft fasziniert.

Vielleicht sind es die Stacheln, die Rosenblüten zu so etwas Besonderem machen, weil sie die Zartheit der seidigen Blütenblätter so betonen. Vielleicht ist es die Form, die eine Rosenblüte so besonders edel erscheinen lässt, zusammen mit der eleganten Art, wie sie ihre Blüten auf langen Stielen trägt. Vielleicht ist es auch der Ruf und der Mythos aus Geschichte, Romanen

und Gedichten, der die Raose als »Königin der Blumen« schon immer umgibt und sie zum Zeichen der Liebe macht. Ganz gleich was immer es ausmacht – die Faszination, die von Rosen ausgeht, zieht sich auch heute noch quer durch alle Bevölkerungsschichten und Altersklassen und macht sie zur unumstrittenen Nummer eins unter den Gartenpflanzen.

Neben der sinnlichen Ausstrahlung können Rosen auch mit einigen rein sachlichen, bekannten und weniger geläufigen Besonderheiten aufwarten:

- Jahr für Jahr werden allein in Deutschland über 20 Millionen Rosenstöcke gepflanzt.

- Kein anderes Gehölz kann der Rose in Sachen Blühdauer, Blütenreichtum sowie Farben- und Formenfülle der Blüten auch nur annähernd das Wasser reichen. Dementsprechend riesig ist die schier unerschöpfliche Zahl an Sorten.

- Es gibt wohl kaum eine andere Gartenpflanze, die eine solch **breite Palette an Verwendungsmöglichkeiten** zulässt wie die Rose – von der edlen Schnittrose bis zum Wildrosenstrauch, von zierlichen Zwergrosen im Topf bis zur ungestüm wachsenden Kletterrose.

■ Viele moderne Sorten bringen den Charme alter Zeiten in den Garten – hier 'Rosenfee'.

Rosen machen Geschichte

Dass Rosen schon seit langer Zeit eine besondere Bedeutung beigemessen wird, zeigt
ein Blick zurück in die Geschichte. Erstmalig
wurden Rosen als Gartenpflanzen vermutlich
in **China** verwendet, wahrscheinlich schon vor
2 000 v. Chr. Die älteste bildliche Rosendar-
stellung stammt aus dem Palast von Knossos
im alten **Kreta** (etwa 1 500 v. Chr.), doch ist
nicht sicher, ob es sich dabei um eine echte
Gartenrose oder um eine Wildrose handelt.

Erst bei den **Persern** wurde die Rose zur am
meisten geschätzten Gartenpflanze. Von dort
aus lässt sich ihr Weg in die europäische

Gartenkultur über Griechenland nach **Rom**
verfolgen, wo Rosen eine überaus große Bedeutung erlangten – nicht nur im Garten, sondern auch im Alltag und im politischen Leben.
Bei Festen und öffentlichen Auftritten wurden
Rosen zum unersetzlichen Bestandteil. Dies
steigerte sich bis zur exzessiven Verwendung,
die so weit ging, dass man bei Festen Rosenblüten von den Decken regnen ließ, und Nero
ganze Seeufer damit bestreuen ließ.

Im **Mittelalter** erließ Karl der Große eine Ver-
ordnung, nach der in jedem Garten zumindest
ein Rosenstock zu stehen habe. War es früher

■ Unter Rosen begraben – im alten Rom wurden Rosen derart verschwenderisch benützt,
dass manche Gäste im inszenierten »Rosenregen« erstickten.

auch die medizinische Bedeutung, die der Rose neben der symbolischen zu einer derart weiten Verbreitung verhalf, so trat etwa ab der **Renaissance** der reine Zierwert in den Vordergrund. Höhepunkt der sich neu entwickelnden Rosenkultur war der Garten auf Schloss Malmaison, in dem Kaiserin Joséphine (1763–1794), Gemahlin Napoleons, eine für damalige Zeit außergewöhnliche Rosensammlung aufbauen ließ.

Während man bis zum **18. Jahrhundert** »nur« Alte Rosen kannte, begann die Zeit der **Modernen Rosen** mit ihren vielfältigen Blütenfarben und -formen, wie wir sie heute kennen, erst Anfang des 19. Jahrhunderts. Damals wurde die vermutlich 1781 in Europa eingeführte Chinesische oder Bengal-Rose *(Rosa chinensis)* verstärkt für Züchtungen verwendet. Sie brachte Öfterblütigkeit, niedrigen Wuchs und rein rote

Blütenfarben als wichtige Eigenschaften ein. Erst durch ihre Einkreuzung entstanden später schließlich die Beet- und Edelrosen.

Aus ihr gingen u. a. die berühmten **Teerosen** hervor, Sorten mit stark duftenden, schön gefüllten Blüten in unglaublichen Gelb-, Rosa- und Weißtönen, die begeistert aufgenommen wurden. Zunächst importierte man sie aus China, später erfolgte in Europa die Züchtung zahlreicher weiterer Sorten.

Seitdem hat die Rosenzüchtung einen unwahrscheinlichen Boom hinter sich – man denke nur an die weltberühmte Sorte 'Gloria Dei' – in den USA und England symbolhaft 'Peace' genannt –, die 1945 von dem französischen Züchter Meilland in den Handel gebracht wurde und sich seither weltweit millionenfach verkaufte.

■ Die blühfreudige 'Gloria Dei' ist eine der erfolgreichsten Rosenzüchtungen weltweit.

Etwas Botanik

Botanisch gesehen, gehören alle Rosen zur Gattung *Rosa*. Zusammen mit vielen anderen Gattungen bildet sie die große **Pflanzenfamilie der Rosengewächse** (botanisch: Rosaceae), zu der auch viele andere Gartenpflanzen zählen, darunter alle unsere Obstbäume (Apfel, Birne, Pflaume, Kirsche usw.) sowie Erdbeeren, Brombeeren und Himbeeren, aber auch Frauenmantel, Cotoneaster und Spierstrauch *(Spiraea)*.

Die Wildrosen

Wie viele echte Wildrosen-Arten es gibt, darüber streiten sich die Forscher; manche erkennen nur etwa 120 Arten an, andere unterscheiden über 200. Sie kommen weltweit vor allem in den gemäßigten Breiten und den Subtropen der Nordhalbkugel vor, von Nordamerika über Europa und das nördliche Afrika bis nach China, Japan und zu den Philippinen. In Europa gibt es etwa 50 Arten, bei uns knapp 30. Allen Wildrosen gemeinsam sind einige typische Kennzeichen:

- Sie tragen **gefiederte Blätter**, die aus mehreren (3–17) kleinen Fiederblättchen bestehen. Nur ganz wenige Rosen besitzen einfache, also nicht zusammengesetzte Blätter.

- Die Triebe sind mehr oder weniger stark mit **Stacheln** besetzt.

Staubblätter

Griffel

Narben

Kronblatt
(Blütenblatt)

- An dieser ungefüllten Rose sind alle Blütenbestandteile gut zu erkennen.

- Die **Blüten** sind schalenförmig und bestehen aus meist fünf, selten vier Blütenblättern.

- In der Blütenmitte sind die zahlreichen Griffel zu einer Art Säule vereinigt, die von einem dichten Kranz aus zahlreichen Staubblättern umgeben ist.

- Als **Frucht** bildet sich eine **Hagebutte**, in deren Fruchtfleisch die Samen eingeschlossen sind.

Rosenzüchtung

Die meisten Wildrosen sind von Natur aus recht variabel. Durch die Kreuzung relativ weniger Wildarten, die ständige sorgfältige Auslese der Nachkommen, die wiederum miteinander gekreuzt wurden, und ungeheuren Züchterfleiß entstanden schließlich über Jahrzehnte und sogar Jahrhunderte hinweg Tausende von Sorten, deren Palette heute kaum mehr zu überblicken ist. Allein zwischen 1810 und 1910 waren es über 11.000!

Vielfalt der Rosenblüten

Während Wildrosen nur ungefüllte Blüten besitzen, weisen die verschiedenen Sorten der Gartenrosen eine breite Vielfalt an Formen auf.

- **Ungefüllte Blüten** bestehen aus 5 (selten 4) Blütenblättern sowie der normalen Zahl an Staub- und Fruchtblättern; sie können somit auch Hagebutten bilden.

- **Halbgefüllte Blüten** haben etwa 10 bis 20 Blütenblätter, die Staubblätter sind noch gut sichtbar und sie setzen Hagebutten an.

- **Gefüllte Blüten** besitzen etwa 20 bis 40 Blütenblätter und keine funktionierenden Staub- und Fruchtblätter mehr. Daher können sich hier auch keine Hagebutten bilden.

- Rosenblüten können unterschiedlich stark gefüllt sein – hier die halbgefüllte 'Aglaia'.

- Manche Blüten sind so dicht gefüllt wie bei 'Louise Odier', dass sie »geviertelt« wirken.

- **Dicht gefüllte Blüten** bestehen aus noch mehr Blütenblättern (bis mehr als 100!). Bei vielen Alten Rosen sitzen sie so dicht, dass sie in Vierteln angeordnet sind (**»geviertelte Blüten«**).

Dass die Blüten umso weniger Staub- und Fruchtblätter tragen, je stärker sie gefüllt sind, kommt nicht von ungefähr: Die zusätzlichen Blütenblätter entstehen durch Umwandlung der Staub- sowie der Fruchtblätter in Blütenblätter – ein natürliches Phänomen, das jedoch bei der Züchtung und gefördert wird.

Keine Rose ohne Stacheln

Rosen haben übrigens Stacheln – und keine Dornen. Der feine Unterschied: Stacheln kann man leicht abbrechen – es sind umgebildete Pflanzenhaare –, Dornen (wie z.B. beim Weißdorn) nicht, denn es sind echte Triebe, die jedoch zugespitzt geformt sind.

Auf einen Blick

- Rosen können auf eine jahrtausendelange Kulturgeschichte zurückblicken.
- Sie zählen zur gleichen Pflanzenfamilie wie Apfel, Birne und Erdbeere.
- Je nach Sorte können Sie zwischen ungefüllten, halbgefüllten und gefüllten Blüten wählen.
- Auch die Palette der unterschiedlichen Stacheln und Hagebuttenformen ist sehr groß.

Hagebutten

Hagebutten tragende Rosen sind nicht nur optisch reizvoll, sondern locken auch Vögel an und sorgen damit für natürlichen Pflanzenschutz (siehe Seite 119). Auch hier können Sie mit verschiedenen Formen, Größen und Farben für Abwechslung sorgen.

■ Die Stacheldrahtrose mit ihren typischen großen Einzelstacheln und feinen Stachelborsten.

■ Hagebutten sind meist rot und rundlich, es gibt aber auch schwarze Formen.

100 der schönsten Gartenrosen

So wird die Sortenwahl nicht zur Qual

Vielleicht ist es Ihnen auch schon so ergangen. Sie haben in Ihrem Garten eine ganz bestimmte Stelle für eine Rose ausgewählt, diverse Kataloge von den Züchtern bestellt und sich mit Büchern eingedeckt, und nun gehen Sie auf die Suche nach der richtigen Sorte. Binnen kurzem wird Ihr Elan wohl etwas sinken, denn da ist von Rosengruppen und -klassen die Rede, die jeder Züchter oder Autor etwas anders einteilt und benennt, und da gibt es ein Angebot an Sorten, das Sie schier erschlägt.

Kein Wunder: Die Rose, Kulturpflanze seit alters, gibt es weltweit in weit über 30.000 Sorten. Dies gilt zwar nur in der Theorie, denn in der Praxis erhalten Sie vom Züchter oder Gartencenter »nur« eine begrenzte Auswahl. Doch allein bei der Baumschule W. Kordes' Söhne, dem größten deutschen Rosenzüchter, können Sie unter über 300 verschiedenen Sorten und Arten auswählen.

Die richtige Auswahl

Damit die Wahl nicht zur Qual wird und Ihnen die Gärtnerfreude nimmt, werden Ihnen auf den nächsten Seiten über 100 der schönsten Rosen empfohlen, in Porträts vorgestellt und in vielen Fällen auch als Bild gezeigt. Sie sind gegliedert nach Gruppen und damit nach dem möglichen Verwendungszweck (siehe Seite 17 und 64 ff.), sodass Sie für jeden Geschmack sicher etwas finden. Bei der Auswahl der Sorten wurde besonderer Wert auf folgende Kriterien gelegt:

- **Robustheit** – die Rosen sollen möglichst wenig anfällig für Schädlinge und Krankheiten sein – den richtigen Standort und gute Pflege vorausgesetzt. Achten Sie auf das ADR-Symbol (siehe Seiten 117) – **ADR-Rosen** sind besonders widerstandsfähig.

- **Eignung für unser Klima** – gleich ob Schleswig-Holstein, Voralpenland oder Steiermark: unser Klima ist rauer, kontinentaler als das in England. Deshalb sind dort empfohlene Sorten nicht unbedingt auch etwas für uns.

- **Gute Verfügbarkeit** – Die auf den folgenden Seiten vorgestellten Arten und Sorten finden Sie in jeder gut sortierten Gärtnerei bzw. Gartencenter oder direkt bei einem der großen Züchter (Adressen siehe Seite 124), seltene Exoten und Raritäten für Spezialisten und Sammler werden Sie in der nachfolgenden Auswahl nicht finden, sie bleiben dem Rosenliebhaber vorbehalten, der sich um entsprechende Bezugsquellen selbst kümmert.

TIPP Ohne den richtigen Namen einer Sorte können Sie keinen Hinweis auf irgendwelche Eigenheiten, Anfälligkeiten oder Verwendungsmöglichkeiten Ihrer Rose erhalten. Achten Sie deshalb beim Kauf auf ein korrektes Etikett mit dem Namen der Sorte und der Angabe des Züchters.

Die vier großen Rosengruppen – so behalten Sie den Überblick

Von den Züchtern werden die Rosen in verschiedene Gruppen eingeteilt, manchmal auch Klassen genannt. Dies hat oft mit der Herkunft zu tun, also mit der Züchtungsgeschichte, die den Hobbygärtner weniger interessiert. Deshalb finden Sie hier auch keine komplizierte Einteilung in Polyantha- und Floribundarosen sowie Polyantha- bzw. Floribunda-Hybriden – um eine solch genaue Klassifizierung kümmern sich die Spezialisten. Wichtiger ist für Sie, welchen Wuchstyp eine Sorte hat, da dies auch ihre Verwendung bedingt. Die Porträts sind daher in nur vier Gruppen eingeteilt.

Erklärungen zu den Porträts

Nach dem **Sortennamen** wird zunächst der **Blührhythmus** der Sorte genannt – also ob diese einmal- oder öfterblühend ist. Anschließend werden **Höhe** und **Breite** angegeben, die ein »ausgewachsener« Rosenstock dieser Sorte auf einem durchschnittlichen Standort einnimmt. Die dann folgenden Kurzangaben beschreiben die Sorte möglichst knapp, aber genau mit allen wichtigen Eigenschaften: der **Blütenfarbe**, der **Blüte** selbst (Größe und Füllung), dem **Duft**, der **Wuchsform** und deren **Verwendung**.

Die vier großen Rosengruppen

- **Rosen als Blütensträucher**
  Sie werden meist einzeln als Solitär oder als Hecke verwendet. Zu dieser Gruppe zählen die **Strauchrosen,** aber auch die **Alten Rosen,** die **Englischen Rosen** und **Nostalgierosen** sowie die **Wildrosen** (siehe Seite 18 ff.).

- **Rosen für Blumenbeete**
  In dieser Gruppe finden Sie durchweg niedriger wachsende Rosensorten, die meist in kleinen Gruppen eingesetzt werden, um eine schöne Farbwirkung zu erzielen. Dazu zählen die **Beetrosen,** die **Edelrosen** (oder Teehybriden) und die **Zwergrosen** (siehe Seite 36 ff.).

- **Rosen als Bodendecker**
  Sie sind meist noch niedriger als die Beetrosen und werden flächig gepflanzt, also in größeren Gruppen. Diese Rosen sind besonders robust und pflegeleicht und daher zur Bepflanzung von Flächen geeignet, für die man wenig Zeit zur Pflege verwenden möchte. Man nennt sie **Bodendecker-** oder auch **Flächenrosen** (siehe S. 47 ff.).

- **Kletternde Rosen**
  Sie haben lange, rankende Triebe, die aufgebunden werden müssen. Gemeint sind die **Kletterrosen** und die **Ramblerrosen,** einfach auch Rambler genannt (siehe Seite 54 ff.).

Rosen als Blütensträucher

Strauchrosen kommen der natürlichen Wuchsform der Rosen am nächsten. Sie wirken am besten frei stehend oder in einer Hecke, zusammen mit Ziersträuchern oder anderen Rosen. Neben den »modernen« **Strauchrosen**, also neueren, überwiegend öfterblühenden Sorten, erfreuen sich die so genannten **Alten Rosen** großer Beliebtheit. Sie haben rosettenförmige, besonders stark gefüllte, üppige Blüten, die ganz wunderbar duften – und sie bringen den Charme vergangener Zeiten in den Garten, als Pflanzen noch Individuen sein durften und keine austauschbare Massenware. Genau genommen zählt eine Sorte zur Gruppe der Alten Rosen, wenn sie bereits vor 1867 existierte – dem Beginn der modernen Rosenzüchtung, der durch die Einführung der ersten Teehybride ('La France') mit ihrer für die damalige Zeit völlig neuen Blütenform bestimmt ist.

Mittlerweile haben die heutigen Züchter diesen Kundenwunsch erkannt und bieten nun moderne Rosensorten mit dem romantischen Flair der Alten Rosen an – jedoch mit dem Vorteil der Öfterblütigkeit, die den Alten Rosen überwiegend fehlt, und auch eines etwas strafferen, kompakteren Wuchses, der sie auch für Beete geeignet macht. Diese Rosen laufen je nach Züchter unter Bezeichnungen wie **»Romantica-Rosen«** oder **»Märchenrosen«**; hier nennen wir sie **Nostalgierosen.**

Vorreiter dieses Züchtungstrends war der Engländer David Austin, der in über 30 Jahren Arbeit die Gruppe der **Englischen Rosen** geschaffen hat. Auch diese ähneln in Ausstrahlung und Duft den Alten Rosen, doch ist die Palette der Blütenfarben und -formen größer (es gibt auch gelbe und karminrote Sorten), und sie sind wie die Nostalgierosen überwiegend öterblühend.

Schließlich zählen auch die **Wildrosen** zu den strauchartig wachsenden Rosen. Teilweise wachsen sie recht ungestüm und sind entsprechend platzbedürftig, was bei der Auswahl bedacht werden muss.

■ Obwohl schon 60 Jahre alt, ist 'Schneewittchen' immer noch eine unvergleichlich aparte Sorte.

Strauchrosen

'Angela'

↑ 80–120   ↔ 100–150   ✿ 2×   D*

Blührhythmus: Öfterblühend
Höhe: 80–120 cm
Breite: 100–150 cm
Blütenfarbe: Kräftig rosa
Blüte: Mittelgroß, halbgefüllt
Duft: Leicht
Wuchs: Breit buschig
Verwendung: Einzeln oder in Gruppen mit ca. 1 m Abstand, auch für Hecken oder als Hochstammrose, kompakt bleibend
TIPP: Regenfeste, gesunde Sorte.

'Centenaire de Lourdes'

↑ 100–150   ↔ 100–200   ✿ 2×   D*

Blührhythmus: Öfterblühend
Höhe: 100–150 cm
Breite: 100–120 cm
Blütenfarbe: Kräftig rosa
Blüte: Mittelgroß, locker halbgefüllt
Duft: Leicht
Wuchs: Breit buschig, leicht überhängende Triebe
Verwendung: Als Solitärstrauch oder in Hecken
TIPP: Lässt sich gut mit Stauden und Sträuchern kombinieren.

■ Oben: 'Angela'
■ Unten: 'Centenaire de Lourdes'

Wuchs: ↑ Höhe in cm   ↔ Breite in cm   **Blührhythmus:** ✿ 1× einmalblühend   ✿ 2× öfterblühend
Duft: D – kein   D* leichter   D** kräftiger   D*** sehr starker Duft

'Dirigent'

↑ 130–180 ↔ 100–120 ✿ 2× D–

Blührhythmus: Öfterblühend
Höhe: 130–180 cm
Breite: 100–120 cm
Blütenfarbe: Leuchtend blutrot
Blüte: Mittelgroß, halbgefüllt
Duft: Fehlt
Wuchs: Aufrecht buschig
Verwendung: Einzeln oder in Gruppen, gut für Hecken, auch im Staudenbeet
TIPP: Zuverlässig bis zum Herbst blühend. Passt gut zu blau blühenden Stauden (siehe Bild Seite 81).

'Dornröschenschloss Sababurg'

↑ 100–150 ↔ 80–100 ✿ 2× D**

Blührhythmus: Öfterblühend
Höhe: 100–150 cm
Breite: 80–100 cm
Blütenfarbe: Intensiv rosa
Blüte: Mittelgroß, gefüllt, edelrosenähnlich
Duft: Kräftig
Wuchs: Breit buschig, leicht überhängend
Verwendung: Einzeln oder in Gruppen, auch als Hecke.
TIPP: Robuste kleine Strauchrose, die sich schön mit Gräsern kombinieren lässt.

'Dortmunder Kaiserhain'

↑ 80–120 ↔ 60–100 ✿ 2× D*

Blührhythmus: Öfterblühend
Höhe: 80–120 cm
Breite: 60–100 cm
Blütenfarbe: Zartrosa
Blüte: Mittelgroß, gefüllt
Duft: Leicht
Wuchs: Aufrecht buschig
Verwendung: Einzeln oder in kleinen Gruppen, auch in Hecken und Beeten
ADR-Rose 1994
TIPP: Robuste, gesunde Sorte mit glänzendem Laub und leicht nostalgischem Flair, die sich auch gut als Schnittrose eignet.

■ 'Dirigent'

'Freisinger Morgenröte'

⬆ 120–150   ↔ 50–70   ✿ 2×   D *

Blührhythmus: Öfterblühend
Höhe: 120–150 cm
Breite: 50–70 cm
Blütenfarbe: Orangegelb mit schönem Farbspiel nach Rosa
Blüte: Mittelgroß, halbgefüllt
Duft: Leicht
Wuchs: Aufrecht buschig
Verwendung: Einzeln oder in kleinen Gruppen, auch als Hecke
TIPP: Farbschöner Lückenfüller im Beet.

'Ghislaine de Féligonde'

⬆ 120–200   ↔ 80–100   ✿ 2×   D *

Blührhythmus: Öfterblühend
Höhe: 120–200 cm
Breite: 80–100 cm
Blütenfarbe: Beim Aufblühen gelborange, dann apricot, später weißlich verblassend
Blüte: Mittelgroß, gefüllt
Duft: Leicht
Wuchs: Aufrecht buschig, teils kletternd
Verwendung: Einzeln, als Blickfang, vor Gehölzen oder in Hecken, auch im Halbschatten
TIPP: Herrliche alte Sorte mit ausgefallenem Farbspiel

'Kordes' Brillant'

⬆ 100–150   ↔ 80–120   ✿ 2×   D *

Blührhythmus: Öfterblühend
Höhe: 100–150 cm
Breite: 80–120 cm
Blütenfarbe: Feurig orangerot
Blüte: Mittelgroß, locker gefüllt
Duft: Leicht
Wuchs: Aufrecht buschig
Verwendung: Einzeln oder in Gruppen; Leuchtwirkung!
TIPP: Robuste, gesunde und regenfeste Sorte, die mit ihrer ungewöhnlichen Blütenfarbe einen echten Blickfang darstellt und als Strauch angenehm kompakt bleibt.

■ 'Freisinger Morgenröte'

'Lichtkönigin Lucia'

⬆ 100–150   ⬌ 100–120   ✿ 2×   **D**∗

Blührhythmus: Öfterblühend
Höhe: 100–150 cm
Breite: 100–120 cm
Blütenfarbe: hellgelb
Blüte: Groß, gefüllt
Duft: Leicht
Wuchs: Aufrecht buschig
Verwendung: Einzeln oder in Gruppen mit ca.
1,2 m Abstand
TIPP: Schön vor dunkler Kulisse oder am Zaun,
blüht anhaltend bis zum Herbst.

'Mein schöner Garten'

⬆ 80–120   ⬌ 60–80   ✿ 2×   **D**∗

Blührhythmus: Öfterblühend
Höhe: 80–120 cm
Breite: 60–80 cm
Blütenfarbe: Zartrosa
Blüte: Mittelgroß, locker gefüllt
Duft: Leicht
Wuchs: Aufrecht buschig
Verwendung: Einzeln oder in kleinen Gruppen,
als Blickfang, im Beet oder vor Gehölzen
TIPP: Reich blühender, gesunder Strauch,
dessen Blüten gut mit vielen Stauden harmo-
nieren.

■ Oben: 'Lichtkönigin Lucia'
■ Unten: 'Mein schöner Garten'

'Mozart'

⬆ 80–100   ↔ 60–80   ✿ 2×   D∗

Blührhythmus: Öfterblühend
Höhe: 80–100 cm
Breite: 60–80 cm
Blütenfarbe: Karminrosa mit weißer Mitte
Blüte: Klein, ungefüllt, in dichten Büscheln
Duft: Leicht
Wuchs: Buschig überhängend
Verwendung: In Gruppen, als niedrige Hecke
oder im Beet
TIPP: Eine ungewöhnlich blühfreudige Sorte,
die im Alter breite Büsche bildet und sich gut
mit kräftigen, kompakt wachsenden Stauden
und Gräsern kombinieren lässt.

■ 'Mozart'

'Romanze'

⬆ 100–130   ↔ 80–100   ✿ 2×   D∗

Blührhythmus: Öfterblühend
Höhe: 100–130 cm
Breite: 80–100 cm
Blütenfarbe: Kräftig dunkelrosa
Blüte: Groß, halbgefüllt, edelrosenähnlich
Duft: Leicht
Wuchs: Breit buschig
Verwendung: Einzeln oder in kleinen Gruppen
mit ca. 1 m Abstand
TIPP: Auch als Kübelrose geeignet, lange
blühend, regenfest, sehr frosthart, mit schönen,
edelrosenartigen Knospen.

'Schneewittchen'

⬆ 100–150   ↔ 80–100   ✿ 2×   D∗

Blührhythmus: Öfterblühend
Höhe: 100–150 cm
Breite: 80–100 cm
Blütenfarbe: Reinweiß
Blüte: Mittelgroß, halbgefüllt
Duft: Leicht
Wuchs: Locker aufrecht buschig, Triebe leicht
überhängend
Verwendung: Einzeln oder in Gruppen, auch
im Staudenbeet und in Hecken
TIPP: Weltbekannte Sorte (Bild siehe S. 18),
auch schön als Hochstammrose.

'Vogelpark Walsrode'

↑ 100–150   ↔ 100–150   ✿ 2×   D*

Blührhythmus: Öfterblühend
Höhe: 100–150 cm
Breite: 100–150 cm
Blütenfarbe: Zartrosa, später verblassend
Blüte: Groß, locker halbgefüllt
Duft: Leicht
Wuchs: Breit buschig
Verwendung: Einzeln oder in Gruppen, auch im Kübel
TIPP: Reich und dicht blühend.

'Westerland'

↑ 150–200   ↔ 150–200   ✿ 2×   D**

Blührhythmus: Öfterblühend
Höhe: 150–200 cm
Breite: 150–200 cm
Blütenfarbe: Bernstein-orange
Blüte: Groß, gefüllt
Duft: Kräftig
Wuchs: Breit buschig
Verwendung: Einzeln, seltener in Gruppen, Abstand ca. 2 m
TIPP: Lässt sich auf Grund der Blütenfarbe nur schwer kombinieren.

■ 'Westerland'

Alte Rosen

Apothekerrose
Rosa gallica 'Officinalis'

⬆ 80–120   ↔ 80–120   ✿ 1×   D***

Blührhythmus: Einmalblühend
Höhe: 80–120 cm
Breite: 80–120 cm
Blütenfarbe: hell karminrot
Blüte: Mittelgroß, halbgefüllt
Duft: Stark
Wuchs: Aufrecht buschig
Verwendung: Einzeln oder in kleinen Gruppen, auch für Hecken und im Beet
TIPP: Eine weitere schöne alte Sorte von *Rosa gallica* ist 'Versicolor', auch 'Rosa Mundi' genannt.

'Fantin Latour'

⬆ 120–180   ↔ 100–120   ✿ 1×   D**

Blührhythmus: Einmalblühend
Höhe: 120–180 cm
Breite: 100–120 cm
Blütenfarbe: Zartrosa
Blüte: Groß, dicht gefüllt, geviertelt
Duft: Kräftig
Herkunft/Abstammung: Rosa × centifolia
Wuchs: Rundlich buschig, starkwachsend
Verwendung: Einzeln als Solitärstrauch oder in kleinen Gruppen
TIPP: Eignet sich auch als Kletterrose, z. B. an einer Säule.

'Charles de Mills'

⬆ 100–150   ↔ 80–120   ✿ 1×   D***

Blührhythmus: Einmalblühend
Höhe: 100–150 cm
Breite: 80–120 cm
Blütenfarbe: Purpurrot
Blüte: Groß, tellerförmig, dicht gefüllt, geviertelt
Duft: Stark
Herkunft/Abstammung: Gallica-Rosen
Wuchs: Rundlich buschig
Verwendung: Einzeln an Terrasse, im Beet oder in einer Hecke.

■ 'Charles de Mills'

'Jacques Cartier'

⬆ 100–150   ↔ 100–150   ✿ 1×   D∗∗

Blührhythmus: Einmalblühend mit Nachblüte
Höhe: 100–150 cm
Breite: 100–150 cm
Blütenfarbe: Kräftig rosa, später verblassend
Blüte: Groß, dicht gefüllt, geviertelt
Duft: Kräftig
Herkunft/Abstammung: Portland-Rosen
Wuchs: Aufrecht buschig bis überhängend
Verwendung: Einzeln als Solitärstrauch oder in kleinen Gruppen, auch im Staudenbeet oder in Hecken.

'Königin von Dänemark'

⬆ 100–150   ↔ 80–120   ✿ 1×   D∗∗∗

Blührhythmus: Einmalblühend
Höhe: 100–150 cm
Breite: 80–120 cm
Blütenfarbe: Zartrosa mit dunklerer Mitte
Blüte: Groß, dicht gefüllt, geviertelt
Duft: Stark
Herkunft/Abstammung: Rosa × alba
Wuchs: Aufrecht buschig
Verwendung: Einzeln oder in kleinen Gruppen als Solitärstrauch
TIPP: Robuste Sorte.

■ 'Königin von Dänemark'

'Louise Odier'

⬆ 100–120   ↔ 100–120   ✿ 2×   D∗∗∗

Blührhythmus: Öfterblühend
Höhe: 120–180 cm
Breite: 100–150 cm
Blütenfarbe: Kräftig rosa
Blüte: Mittelgroß, becherförmig, dicht gefüllt, geviertelt (siehe Bild Seite 110).
Duft: Sehr stark
Herkunft/Abstammung: Bourbon-Rose
Wuchs: Aufrecht buschig, starkwüchsig, leicht überhängend
Verwendung: Einzeln oder in kleinen Gruppen als Solitärstrauch
TIPP: Triebe sind nicht sehr standfest, daher zusammenbinden.

'Madame Isaac Pereire'

⬆ 80–120   ↔ 100–120   ✿ 1×   D✱✱✱

Blührhythmus: Öfterblühend
Höhe: 150–200 cm
Breite: 100–150 cm
Blütenfarbe: Karminrosa
Blüte: Sehr groß, dicht gefüllt, geviertelt
Duft: Sehr stark
Herkunft/Abstammung: Bourbon-Rose
Wuchs: Aufrecht buschig, starkwachsend
Verwendung: Einzeln als imposanter Solitär-strauch, auch als Kletterrose, z. B. an einer Säule
TIPP: Braucht einen warmen Platz, in rauen Lagen Winterschutz geben!

Moosrose
Rosa × centifolia 'Muscosa'

⬆ 80–120   ↔ 80–120   ✿ 1×   D✱✱✱

Blührhythmus: Einmalblühend
Höhe: 80–120 cm
Breite: 100–120 cm
Blütenfarbe: Kräftig rosa
Blüte: Groß, dicht gefüllt, mit »bemoosten« Kelchblättern und Blütenstielen
Duft: Stark
Wuchs: Aufrecht buschig bis überhängend
Verwendung: Einzeln oder in Gruppen als Solitär oder in einer Hecke
TIPP: Empfindlich gegen Mehltau, daher nicht an windstille, luftfeuchte Plätze pflanzen.

■ 'Madame Isaac Pereire'

■ *Rosa × centifolia* 'Muscosa'

'Rose de Resht'

⬆ 80–120   ↔ 60–90   ❀ 2×   D ✱✱✱

Blührhythmus: Öfterblühend
Höhe: 80–100 cm
Breite: 60–90 cm
Blütenfarbe: Purpurrot
Blüte: Klein, dicht gefüllt
Duft: Sehr stark
Herkunft/Abstammung: Unklar, vermutlich Damaszener- oder Portland-Rose
Wuchs: Aufrecht buschig
Verwendung: Einzeln oder in Gruppen, auch für niedrige Hecke und im Kübel
TIPP: Robust, etwa alle fünf Jahre verjüngen.

'Souvenir de la Malmaison'

⬆ 60–120   ↔ 80–80   ❀ 2×   D ✱✱✱

Blührhythmus: Öfterblühend
Höhe: 60–100 cm
Breite: 50–80 cm
Blütenfarbe: Porzellanrosa
Blüte: Groß, dicht gefüllt, geviertelt, edelrosenähnlich
Duft: Stark
Herkunft/Abstammung: Bourbon-Rose
Wuchs: Aufrecht buschig
Verwendung: In Gruppen, auch in Beeten und im Kübel
TIPP: Robuste alte Sorte.

■ 'Rose de Resht'

■ 'Souvenir de la Malmaison'

Englische Rosen

'Constance Spry'

⬆ 150–220 ↔ 100–150 ✿ 1× D**

Blührhythmus: Einmalblühend
Höhe: 150–220 cm
Breite: 100–150 cm
Blütenfarbe: Kräftig rosa
Blüte: Groß, dicht gefüllt
Duft: Kräftig
Wuchs: Breit buschig, leicht überhängend
Verwendung: Einzeln oder als Hecke, auch als Kletterrose einsetzbar
TIPP: Die erste Englische Rose des Züchters David Austin. Schöne Schnittrose.

'Heritage'

⬆ 100–150 ↔ 80–120 ✿ 2× D**

Blührhythmus: Öfterblühend
Höhe: 100–150 cm
Breite: 80–120 cm
Blütenfarbe: Reinrosa
Blüte: Groß, becherförmig, dicht gefüllt
Duft: Stark
Wuchs: Aufrecht buschig
Verwendung: Einzeln oder in kleinen Gruppen.
TIPP: Eine der beliebtesten Englischen Rosen, an deren Entstehung u. a. die Sorte 'Schneewittchen' beteiligt ist. Auch als Kübelrose geeignet.

'Graham Thomas'

⬆ 100–150 ↔ 80–120 ✿ 2× D**

Blührhythmus: Öfterblühend
Höhe: 100–150 cm
Breite: 80–120 cm
Blütenfarbe: Bernsteingelb
Blüte: Groß, dicht gefüllt
Duft: Kräftig
Wuchs: Aufrecht buschig bis leicht überhängend
Verwendung: Einzeln oder in kleinen Gruppen, auch im Kübel
TIPP: Auch als Kletterrose erziehbar.

■ 'Graham Thomas'

'L. D. Braithwaite'

⬆ 80–120   ⬌ 80–100   ✿ 2×   D**

Blührhythmus: Öfterblühend
Höhe: 80–100 cm
Breite: 80–100 cm
Blütenfarbe: Leuchtend karminrot
Blüte: Mittelgroß, locker gefüllt
Duft: Kräftig
Wuchs: Breit buschig
Verwendung: Einzeln oder in Gruppen im Beet, auch als Kübelrose
TIPP: Gut kombinierbarer Dauerblüher.

'Mary Rose'

⬆ 100–150   ⬌ 80–120   ✿ 2×   D**

Blührhythmus: Öfterblühend
Höhe: 100–150 cm
Breite: 80–120 cm
Blütenfarbe: Kräftig rosa
Blüte: Mittelgroß, dicht gefüllt
Duft: Kräftig
Wuchs: Aufrecht buschig
Verwendung: Einzeln oder in kleinen Gruppen
TIPP: Robuste, gesunde Sorte.

■ Oben: 'L. D. Braithwaite'
■ Unten: 'Mary Rose'

Nostalgierosen

'Eden Rose '85'

⬆120–180 ↔80–120 ✿2× D✳

Blührhythmus: Öfterblühend
Höhe: 120–180 cm
Breite: 80–120 cm
Blütenfarbe: Kräftig rosa, außen seidig rosa
Blüte: Groß, sehr dicht gefüllt, becherförmig
Duft: Leicht
Wuchs: Buschig mit überhängenden Trieben
Verwendung: Einzeln als Solitärstrauch oder in kleinen Gruppen, auch im Staudenbeet und als Stammrose.

'Leonardo da Vinci'

⬆40–60 ↔40–50 ✿2× D✳✳✳

Blührhythmus: Öfterblühend
Höhe: 40–60 cm
Breite: 40–50 cm
Blütenfarbe: Kräftig dunkelrosa
Blüte: Dicht gefüllt, teilweise geviertelt, mit gewellten Blütenblättern
Duft: Leicht
Wuchs: Aufrecht buschig
Verwendung: Einzeln, in Gruppen oder flächig, gut mit Stauden und Kleingehölzen zu kombinieren, auch im Kübel und als Stammrose
TIPP: Die wunderschönen Blüten verblassen nicht und sind gut regenfest.

■ Oben: 'Eden Rose '85'
■ Unten: 'Leonardo da Vinci'

'Pomponella'

⬆ 60–80 ⬌ 50–70 ✿ 2× **D***

Blührhythmus: Öfterblühend
Höhe: 60–80 cm
Breite: 50–70 cm
Blütenfarbe: Kräftig dunkelrosa
Blüte: Klein, dicht gefüllt, schalen- bis fast kugelförmig
Duft: Leicht
Wuchs: Aufrecht buschig
Verwendung: Einzeln oder in Gruppen, im Beet, an der Terrasse, auch im Kübel
ADR-Rose 2002
TIPP: Sehr robuste Sorte mit romantisch wirkenden, zierlichen Blüten.

'Rokoko'

⬆ 100–150 ⬌ 80–100 ✿ 2× **D–**

Blührhythmus: Öfterblühend
Höhe: 100–150 cm
Breite: 80–100 cm
Blütenfarbe: Zartrosa bis cremegelb
Blüte: Groß, halbgefüllt, mit gewellten Blütenblättern
Duft: Fehlt
Wuchs: Aufrecht buschig
Verwendung: Einzeln oder in kleinen Gruppen, als Blickfang oder im Beet, auch als Hecke.
TIPP: Trotz der Größe wetterfeste Blüten.

'Sebastian Kneipp'

⬆ 80–120 ⬌ 60–80 ✿ 2× **D*****

Blührhythmus: Öfterblühend
Höhe: 80–100 cm
Breite: 60–80 cm
Blütenfarbe: Cremeweiß mit gelblich rosa Mitte
Blüte: Groß, dicht gefüllt, geviertelt
Duft: Stark
Wuchs: Aufrecht buschig
Verwendung: Einzeln oder in kleinen Gruppen, als Blickfang oder im Beet
TIPP: Schöne moderne Sorte mit dem Flair Alter Rosen.

■ 'Pomponella'

Wildrosen

Büschelrose
Rosa multiflora

⬆ 200–300   ↔ 250–300   ✿ 1×   D–

Blührhythmus: Einmalblühend
Höhe: 2–3 m
Breite: 2,5–3 m
Blütenfarbe: reinweiß
Blüte: Klein, ungefüllt, in dichten Büscheln
Duft: Leicht
Früchte: Sehr klein, kugelig, rot
Wuchs: Breit buschig bis kletternd, überhängende Triebe
Herkunft: Ostasien
Verwendung: Einzeln oder in kleinen Gruppen als Hecke
TIPP: Braucht viel Platz.

Chinesische Seidenrose
Rosa hugonis

⬆ 200–250   ↔ 200–250   ✿ 1×   D–

Blührhythmus: Einmalblühend
Höhe: 2–2,5 m
Breite: 2–2,5 m
Blütenfarbe: hellgelb
Blüte: Mittelgroß, ungefüllt, früh blühend
Duft: Fehlt
Früchte: Kugelig, schwarzrot
Wuchs: Breit buschig, überhängende Triebe
Herkunft: China
Verwendung: Einzeln, braucht viel Platz.

■ Oben: *Rosa multiflora*, die »Vielblütige« Rose.
■ Unten: *Rosa hugonis* blüht früh und üppig.

Dünenrose
Rosa pimpinellifolia

↕ 80–120   ↔ 80–120   ✿ 1×   D**

Blührhythmus: Einmalblühend
Höhe: 80–120 cm
Breite: 80–120 cm
Blütenfarbe: Cremefarben
Blüte: Mittelgroß, ungefüllt
Duft: Kräftig
Früchte: Kugelig, schwarz (siehe Bild Seite 13)
Wuchs: Aufrecht buschig, die Triebe sind dicht bestachelt
Herkunft: Europa
Verwendung: Einzeln oder in Gruppen, als Hecke oder Sichtschutz.

■ *Rosa canina* 'Kiese', eine robuste Hundsrosen-Sorte mit kirschroten Blüten und hellerem Auge.

Hundsrose
Rosa canina

↕ 200–300   ↔ 100–120   ✿ 1×   D**

Blührhythmus: Einmalblühend
Höhe: 2–3 m
Breite: 2–3 m
Blütenfarbe: Weißlich rosa
Blüte: Mittelgroß, ungefüllt
Duft: Kräftig
Früchte: Oval, orange oder rot
Wuchs: Buschig, Triebe überhängend
Herkunft: Europa
Verwendung: Einzeln oder in Gruppen, in Hecken, als Vogelschutzgehölz
TIPP: Die Sorte 'Kiese' blüht karminrosa.

Hechtrose
Rosa glauca

↕ 150–200   ↔ 150–200   ✿ 1×   D−

Blührhythmus: Einmalblühend
Höhe: 1,5–2 m
Breite: 1–1,5 m
Blütenfarbe: Karminrosa
Blüte: Klein, ungefüllt
Duft: Fehlt
Früchte: Kugelig, rot
Wuchs: Aufrecht buschig
Herkunft: Europa
Verwendung: Einzeln oder in Gruppen, als Strauch oder lockere Hecke
TIPP: Eine wenig bestachelte Rose mit typisch blaugrauem Laub und rötlichen Trieben.

Weinrose, Apfelrose
Rosa rubiginosa

⬆ 150–250   ↔ 100–150   ✿ 1×   D*

Blührhythmus: Einmalblühend
Höhe: 150–250 cm
Breite: 100–150 cm
Blütenfarbe: Rosa
Blüte: Klein, ungefüllt
Duft: Leicht
Früchte: Oval, rot
Wuchs: Buschig, Triebe überhängend
Herkunft: Europa
Verwendung: Einzeln oder in Gruppen, für Hecken, als Vogelschutzgehölz
TIPP: Das Laub duftet intensiv nach Apfel.

Kartoffelrose
Rosa rugosa

⬆ 100–150   ↔ 100–150   ✿ 2×   D***

Blührhythmus: Öfterblühend
Höhe: 100–150 cm
Breite: 100–150 cm
Blütenfarbe: violettrosa
Blüte: Groß, ungefüllt
Duft: Stark
Früchte: Groß, kugelig, hellrot
Wuchs: Aufrecht buschig
Herkunft: Nordasien
Verwendung: Einzeln oder in Gruppen, für Hecken, als Vogelschutzgehölz
TIPP: Salzresistent, kalkempfindlich. Sorten z. B. 'Schnee-Eule' oder 'Polarsonne'.

■ Oben: *Rosa glauca*, die Hechtrose mit blaugrauem Laub.
■ Unten: *Rosa rugosa*, die Kartoffelrose.

Rosen für Blumenbeete

In diese Großgruppe fallen die meisten Rosensorten. Beetrosen sind prägend für die früher so beliebten, heute etwas verpönten Rosenbeete, in denen Rosen – ordentlich Reihe um Reihe gepflanzt und ja nicht vermischt mit anderen Pflanzen – in Reinkultur gepflegt werden. Mit dem entsprechenden Aufwand beim Pflanzenschutz.

Doch die Zeiten haben sich gewandelt, heute gibt es Beetrosen wie die Sorte 'Bonica '82', die sich äußerst vielseitig einsetzen und sehr schön mit Stauden kombinieren lassen. Sie sind zudem robust, und ihr Laub ist deutlich weniger anfällig für Krankheiten als bei älteren Sorten. Typisch für die Beetrosen – im Handel werden sie auch als **Polyantha**- oder **Floribundarosen**

geführt – sind ihre verzweigten, mehrblütigen Blütenstiele. Gruppen von Beetrosen wirken daher sehr schön als Farbflächen.

Von den Beetrosen unterscheiden wir die **Edelrosen** bzw. **Teehybriden**. Ihre länglichen, besonders edel geformten und meist stark duftenden Blüten sitzen einzeln auf langen Stielen, was sie für die Verwendung als Schnittrose geradezu prädestiniert.

Die kleinste Gruppe unter den Rosen bilden die **Zwergrosen**, Beetrosen en *miniature*, die sich vor allem für Gefäße – Kästen, Tröge, Kübel – eignen. Allerdings sind sie meist etwas anfälliger und nicht ganz so frosthart wie ihre »großen Kollegen«.

■ Beetrosen kommen erst richtig zu Geltung, wenn man sie mit Stauden oder Gräsern kombiniert.

Beetrosen

'Amber Queen'

⬆ 40–60   ↔ 40–50   ✿ 2×   D*

Blührhythmus: Öfterblühend
Höhe: 40–60 cm
Breite: 40–50 cm
Blütenfarbe: Bernsteinfarben
Blüte: Mittelgroß, gefüllt
Duft: Leicht
Wuchs: Breit buschig
Verwendung: Einzeln oder in Gruppen, als Farbakzent und Blickpunkt im Beet, vor Gehölzen, an der Terrasse oder am Wegrand
TIPP: Außergewöhnliche Blütenfarbe.

'Bad Birnbach'

⬆ 40–50   ↔ 40–60   ✿ 2×   D–

Blührhythmus: Öfterblühend
Höhe: 40–50 cm
Breite: 40–60 cm
Blütenfarbe: Kräftig lachsrosa
Blüte: Mittelgroß, halbgefüllt
Duft: Fehlt
Wuchs: Breit buschig
Verwendung: Einzeln oder in Gruppen, im Beet oder Kübel, vielseitig kombinierbar
ADR-Rose 2000
TIPP: Sehr robuste, blattgesunde Sorte.

'Aprikola'

⬆ 50–70   ↔ 40–60   ✿ 2×   D***

Blührhythmus: Öfterblühend
Höhe: 50–70 cm
Breite: 40–60 cm
Blütenfarbe: Kräftig apricot bis rosafarben
Blüte: Mittelgroß, gefüllt
Duft: Leicht
Wuchs: Breit buschig
Verwendung: Einzeln oder in Gruppen, im Beet, an der Terrasse, auch im Kübel
ADR-Rose 2001
TIPP: Gesunde, robuste Sorte mit auffallender Blütenfarbe.

■ 'Amber Queen'

Wuchs: ⬆ Höhe in cm   ↔ Breite in cm   **Blührhythmus:** ✿ 1× einmalblühend   ✿ 2× öfterblühend
Duft: D– kein   D* leichter   D** kräftiger   D*** sehr starker Duft

'Bella Rosa'

⬆ 40–60   ↔ 40–50   ✿ 2×   D *

Blührhythmus: Öfterblühend
Höhe: 40–60 cm
Breite: 40–50 cm
Blütenfarbe: Kräftig lachsrosa
Blüte: Mittelgroß, locker halbgefüllt in dichten Büscheln
Duft: Leicht
Wuchs: Aufrecht buschig
Verwendung: Einzeln, in Gruppen oder auch flächig, in Beeten, vor Gehölzen und an Wegen
TIPP: Beginnt spät zu blühen, doch hält die Blüte bis weit in den Herbst hinein an.

'Bonica '82'

⬆ 50–80   ↔ 40–60   ✿ 2×   D –

Blührhythmus: Öfterblühend
Höhe: 50–80 cm
Breite: 40–60 cm
Blütenfarbe: Kräftig rosa
Blüte: Mittelgroß, halbgefüllt, in dichten Büscheln
Duft: Fehlt
Wuchs: Breit buschig
Verwendung: Einzeln oder in Gruppen, auch flächig, in Beeten oder bodendeckerartig, auch als Kübel- und Stammrose
TIPP: Eine der vielseitigsten und robustesten modernen Rosensorten, sehr frosthart.

■ Oben: 'Bella Rosa'
■ Unten: 'Bonica '82'

'Friesia'

⬆ 40–60   ↔ 40–50   ✿ 2×   D**

Blührhythmus: Öfterblühend
Höhe: 40–60 cm
Breite: 40–50 cm
Blütenfarbe: Leuchtend gelb
Blüte: Mittelgroß, locker gefüllt und edelrosen-artig
Duft: Kräftig
Wuchs: Aufrecht buschig
Verwendung: Einzeln oder in Gruppen, in Beeten, an Wegen und vor Gehölzen, auch als Stammrose oder im Kübel
TIPP: Eine der wenigen gelben Sorten mit einem intensiven Duft.

■ 'Friesia'

'Margaret Merril'

⬆ 50–80   ↔ 40–60   ✿ 2×   D***

Blührhythmus: Öfterblühend
Höhe: 50–80 cm
Breite: 40–60 cm
Blütenfarbe: Perlweiß, rosa überhaucht
Blüte: Groß, locker halbgefüllt, mit gewellten Blütenblättern
Duft: Sehr stark
Wuchs: Breit buschig
Verwendung: Einzeln oder in kleinen Gruppen, in Beeten gut zu Stauden oder auch vor Gehölzen
TIPP: Wunderbare Stammrose mit zarten Blüten und herrlichem Duft.

'Maxi Vita'

⬆ 50–60   ↔ 100–120   ✿ 2×   D–

Blührhythmus: Öfterblühend
Höhe: 50–60 cm
Breite: 40–60 cm
Blütenfarbe: Hellrosa, orange überhaucht
Blüte: Klein bis mittelgroß, locker gefüllt
Duft: Fehlt
Wuchs: Breit buschig
Verwendung: Einzeln oder in Gruppen, im Beet, an Wegen und vor Gehölzen
ADR-Rose 2000
TIPP: Sehr gesunde und blühfreudige Sorte.

'Montana'

⬆ 70–90   ⬌ 40–60   ✿ 2×   D*

Blührhythmus: Öfterblühend
Höhe: 70–90 cm
Breite: 40–60 cm
Blütenfarbe: Leuchtend scharlachrot
Blüte: Mittelgroß, locker gefüllt
Duft: Leicht
Wuchs: Aufrecht buschig
Verwendung: Einzeln oder in Gruppen im Beet, auch als Stammrose
TIPP: Nicht verblassendes Rot, gesunde Anfängersorte.

'Paul Cézanne'

⬆ 40–60   ⬌ 40–50   ✿ 2×   D**

Blührhythmus: Öfterblühend
Höhe: 40–60 cm
Breite: 40–50 cm
Blütenfarbe: Gelb mit rosa- und orange-farbener Marmorierung
Blüte: Mittelgroß, halbgefüllt
Duft: Stark, fruchtig
Wuchs: Aufrecht buschig
Verwendung: Einzeln oder in Gruppen im Beet oder als Einfassung, auch im Kübel
TIPP: »Malerrose« des Züchters Delbard mit ungewöhnlichem Farbspiel. Nicht für raue Lagen geeignet.

■ Oben: 'Montana'
■ Unten: 'Paul Cézanne'

'Petticoat'

⬆60–80 ➡40–60 ✿2× D*

Blührhythmus: Öfterblühend
Höhe: 60–80 cm
Breite: 40–60 cm
Blütenfarbe: Cremeweiß, die Mitte zart Apricot getönt
Blüte: Mittelgroß, dicht gefüllt, leicht gerüscht
Duft: Leicht
Wuchs: Aufrecht buschig
Verwendung: Einzeln oder in Gruppen, im Beet, an der Terrasse, auch im Kübel
ADR-Rose 2004
TIPP: Eine gesunde Beetrose mit nostalgischem Flair.

'Play Rose'

⬆60–80 ➡50–60 ✿2× D**

Blührhythmus: Öfterblühend
Höhe: 60–80 cm
Breite: 50–60 cm
Blütenfarbe: Kräftig karminrosa
Blüte: Groß, halbgefüllt
Duft: Kräftig
Wuchs: Aufrecht buschig
Verwendung: Einzeln, in Gruppen oder flächig, im Beet, vor Gehölzen, an Wegen oder auch bodendeckerartig
TIPP: Relativ robuste Sorte mit schön geformten Blüten, etwas mehltauanfällig.

'Rosenprofessor Sieber'

⬆60–80 ➡40–60 ✿2× D**

Blührhythmus: Öfterblühend
Höhe: 60–80 cm
Breite: 40–60 cm
Blütenfarbe: Kräftig rosa
Blüte: Mittelgroß, halbgefüllt
Duft: Kräftig
Wuchs: Aufrecht buschig
Verwendung: Einzeln, in Gruppen oder flächig, in Beeten, an Wegen oder vor Gehölzen
ADR-Rose 1996
TIPP: Eine besonders gesunde und blühfreudige Sorte mit wunderbar porzellanrosa gefärbten Blüten und einer für Beete gut verwendbaren Größe.

■ 'Rosenprofessor Sieber'

'Sweet Pretty'

↑ 60–80   ↔ 30–40   ✿ 2×   D −

Blührhythmus: Öfterblühend
Höhe: 60–80 cm
Breite: 30–40 cm
Blütenfarbe: Zartrosa
Blüte: Mittelgroß, ungefüllt
Duft: Fehlt
Wuchs: Aufrecht buschig
Verwendung: Einzeln oder in Gruppen, in Beeten, vor Gehölzen oder als Hecke
TIPP: Sehr gesunde, robuste Sorte mit Wildcharakter, schön im naturnahen Garten.

'The Queen Elizabeth Rose'

↑ 120–150   ↔ 50–80   ✿ 2×   D *

Blührhythmus: Öfterblühend
Höhe: 120–150 cm
Breite: 50–80 cm
Blütenfarbe: silbrig rosa
Blüte: Groß, locker gefüllt
Duft: Leicht
Wuchs: Aufrecht buschig mit kräftigen, langen Trieben
Verwendung: Einzeln im Beet, vor Gehölzen, am Zaun oder an der Terrasse
TIPP: Sehr robust, lange und reich blühend.

'Tornado'

↑ 40–60   ↔ 40–50   ✿ 2×   D *

Blührhythmus: Öfterblühend
Höhe: 40–60 cm
Breite: 40–50 cm
Blütenfarbe: Leuchtend orangerot
Blüte: Mittelgroß, halbgefüllt
Duft: Leicht
Wuchs: Aufrecht buschig
Verwendung: Einzeln oder in Gruppen, in Beeten, vor Gehölzen oder an Wegen.
TIPP: Eine locker wachsende, natürlich wirkende Rose.

■ 'Sweet Pretty'

Edelrosen

'Beverly'

⬆ 60–80   ↔ 40–60   ✿ 2×   D**

Blührhythmus: Öfterblühend
Höhe: 60–80 cm
Breite: 40–60 cm
Blütenfarbe: Kräftig rosa, silbrig überhaucht
Blüte: Groß, gefüllt
Duft: Kräftig
Wuchs: Aufrecht buschig
Verwendung: Einzeln oder in Gruppen, im Beet oder an der Terrasse
TIPP: Eine moderne, robuste Edelrose mit angenehm frischem Duft.

'Duftrausch'

⬆ 80–100   ↔ 40–60   ✿ 2×   D***

Blührhythmus: Öfterblühend
Höhe: 80–100 cm
Breite: 40–60 cm
Blütenfarbe: violettrosa
Blüte: Groß, gefüllt
Duft: Sehr stark
Wuchs: Aufrecht buschig
Verwendung: Einzeln oder in kleinen Gruppen im Beet oder an der Terrasse, auch als Stammrose, gute Schnittrose
TIPP: Sehr robust und mit betörendem Rosenduft.

'Burgund '81'

⬆ 60–80   ↔ 30–40   ✿ 2×   D**

Blührhythmus: Öfterblühend
Höhe: 60–80 cm
Breite: 30–40 cm
Blütenfarbe: Leuchtend samtig blutrot (siehe Bild Seite 12)
Blüte: Groß, dicht gefüllt
Duft: Kräftig
Wuchs: Aufrecht buschig
Verwendung: Einzeln oder in Gruppen, im Beet oder vor Gehölzen, auch als Stammrose.

■ 'Duftrausch'

'Elina'

↑ 70–90   ↔ 60–80   ✿ 2×   D *

Blührhythmus: Öfterblühend
Höhe: 70–90 cm
Breite: 60–80 cm
Blütenfarbe: Cremegelb
Blüte: Gefüllt, mit spitzen Edelrosenknospen
Duft: Leicht
Wuchs: Aufrecht buschig
Verwendung: Einzeln oder in Gruppen im Beet oder an der Terrasse, gute Vasenrose
TIPP: Robuste und pflegeleichte Anfänger-Edelrose in Gelb.

'Kupferkönigin'

↑ 60–80   ↔ 40–50   ✿ 2×   D *

Blührhythmus: Öfterblühend
Höhe: 60–80 cm
Breite: 40–50 cm
Blütenfarbe: Leuchtend gelborange
Blüte: Groß, gefüllt
Duft: Leicht
Wuchs: Aufrecht buschig
Verwendung: Einzeln oder in Gruppen, im Beet, an der Terrasse, vor Gehölzen
TIPP: Eine gesunde Edelrose mit nostalgischem Flair, die sich auch gut mit anderen kombinieren lässt.

■ Oben: 'Elina'
■ Unten: 'Kupferkönigin'

'Memoire'

⬆ 60–80   ↔ 40–50   ✿ 2×   D*

Blührhythmus: Öfterblühend
Höhe: 60–80 cm
Breite: 40–50 cm
Blütenfarbe: Reinweiß, in der Mitte teils creme-
farben überhaucht
Blüte: Groß, gefüllt
Duft: Leicht
Wuchs: Aufrecht buschig
Verwendung: Einzeln oder in Gruppen, im
Beet, an der Terrasse oder vor Gehölzen
TIPP: Elegante Blüten in typischer Edelrosen-
form – ideal für die Vase.

'Parole'

⬆ 60–80   ↔ 40–60   ✿ 2×   D**

Blührhythmus: Öfterblühend
Höhe: 60–80 cm
Breite: 40–60 cm
Blütenfarbe: Leuchtend rosa mit violettem
Hauch
Blüte: Sehr groß, gefüllt
Duft: Kräftig
Wuchs: Aufrecht buschig
Verwendung: Einzeln oder in Gruppen, im
Beet oder an der Terrasse
TIPP: Große Blüten mit betörendem Duft –
eine Edelrose in Reinform.

■ Oben: 'Memoire'
■ Unten: 'Parole'

Zwergrosen

'Amulett'

↑ 30–50   ↔ 30–40   ✿ 2×   **D –**

Blührhythmus: Öfterblühend
Höhe: 30–50 cm
Breite: 30–40 cm
Blütenfarbe: Kräftig karminrosa
Blüte: Mittelgroß, dicht gefüllt
Duft: Fehlt
Wuchs: Breit buschig
Verwendung: Einzeln oder in kleinen Gruppen, in Gefäßen, im Steingarten, an der Terrasse, an Grabstellen.

'Pepita'

↑ 40–50   ↔ 30–50   ✿ 2×   **D –**

Blührhythmus: Öfterblühend
Höhe: 40–50 cm
Breite: 30–50 cm
Blütenfarbe: Kräftig dunkelrosa
Blüte: Klein, dicht gefüllt
Duft: Fehlt
Wuchs: Breit buschig
Verwendung: Einzeln oder in Gruppen, in Gefäßen, im Beet, an der Terrasse, im Steingarten
ADR-Rose 2004

'Sonnenkind'

↑ 30–40   ↔ 30–40   ✿ 2×   **D –**

Blührhythmus: Öfterblühend
Höhe: 30–40 cm
Breite: 30–40 cm
Blütenfarbe: Leuchtend goldgelb
Blüte: Klein, gefüllt
Duft: Fehlt
Wuchs: Breit buschig
Verwendung: Einzeln oder in Gruppen, in Gefäßen, an der Terrasse, im Steingarten
TIPP: Leuchtende Blüten, kompakter Wuchs, glänzendes Laub – ein Blickfang auf jedem Balkon.

■ 'Sonnenkind'

Rosen als Bodendecker

Bodendeckerrosen, auch als **Flächenrosen** bezeichnet, sind sozusagen ein Spezialfall unter den Beet- bzw. Strauchrosen. Im Gegensatz zu den anderen Rosengruppen zeigen sie jedoch keine einheitliche Wuchsform. Neben fast niederliegenden, nur 20 bis 30 cm hohen Sorten werden auch höhere (60–80 cm) Sorten dazu gerechnet, die jedoch ebenfalls bei entsprechender Pflanzung einen geschlossenen Strauchteppich bilden.

Diese Rosengruppe ist klar verwendungsorientiert: Die Rosen sollen mit den dicht belaubten Trieben den Boden mehr oder weniger vollständig bedecken, sodass kein Unkraut aufkommen kann. Sie sind damit eine schöne, weil ansprechender blühende Alternative zu herkömmlichen Bodendecker-Sträuchern wie *Cotoneaster* & Co. Und: Sie sind genauso pflegeleicht!

Flächenrosen werden daher immer mehr im öffentlichen Grün eingesetzt, etwa an Verkehrsinseln, wo sie sogar mit Balkenmähern gemäht werden können. Im Hausgarten liegt ihre Stärke in der problemlosen Begrünung von Böschungen, die sie zugleich befestigen, sowie als dicht schließende Bodendecke unter Gehölzen, an Wegen und an unschönen Ecken.

■ Bodendeckerrosen, hier die Sorte 'Knirps', bilden mit der Zeit prächtige Blütenteppiche.

'Aspirin-Rose'

⬆ 60–80   ↔ 60–100   ✿ 2×   D –

Blührhythmus: Öfterblühend
Höhe: 60–80 cm
Breite: 60–100 cm
Blütenfarbe: Reinweiß, teils zartrosa über-
haucht
Blüte: Mittelgroß, locker gefüllt
Duft: Fehlt
Wuchs: Breit buschig
Verwendung: In Gruppen, für Flächen, Hänge
und Wegränder, einzeln auch im Kübel
ADR-Rose 1995
TIPP: Robuster, pflegeleichter Flächendecker
mit schneeweißem Blütenflor.

'Ballerina'

⬆ 40–80   ↔ 60–70   ✿ 2×   D *

Blührhythmus: Öfterblühend
Höhe: 40–80 cm
Breite: 60–70 cm
Blütenfarbe: Karminrosa mit weißer Mitte
Blüte: Klein, ungefüllt, in großen Büscheln
Duft: Leicht
Wuchs: Aufrecht bis bogig überhängend
Verwendung: In Gruppen, für Flächen und
Hänge, auch als Stammrose und im Kübel
TIPP: Pflegelcichter Dauerblüher mit hübschem
Farbspiel.

■ Oben: 'Aspirin-Rose'
■ Unten: 'Ballerina'

Wuchs: ⬆ Höhe in cm   ↔ Breite in cm   **Blührhythmus:** ✿ 1 × einmalblühend   ✿ 2 × öfterblühend
Duft: D – kein   D * leichter   D ** kräftiger   D *** sehr starker Duft

'Celina'

↑ 60–80   ↔ 50–60   ❀ 2×   D *

Blührhythmus: Öfterblühend
Höhe: 60–80 cm
Breite: 50–60 cm
Blütenfarbe: Cremegelb
Blüte: Mittelgroß, halbgefüllt, in Büscheln
Duft: Leicht
Wuchs: Buschig überhängend
Verwendung: Einzeln, in Gruppen oder flächig, im Beet, vor Gehölzen oder an Wegen, auch im Kübel
ADR-Rose 1999
TIPP: Sehr robuste, gesunde Sorte.

'Gärtnerfreude'

↑ 40–60   ↔ 60–80   ❀ 2×   D –

Blührhythmus: Öfterblühend
Höhe: 40–60 cm
Breite: 60–80 cm
Blütenfarbe: Leuchtend rosarot
Blüte: Klein, gefüllt
Duft: Fehlt
Wuchs: Niederliegend, stark wachsend
Verwendung: Einzeln oder in Gruppen, für Flächen, Hänge, Beete und Wegränder
ADR-Rose 2001
TIPP: Diese Rose macht durch ihre absolute Blattgesundheit und den Blütenreichtum wirklich jedem Gärtner nur Freude!

■ Oben: 'Celina'
■ Unten: 'Gärtnerfreude'

'Heideröslein Nozomi'

⬆ 30–40 ⬌ 40–60 ✿ 1× D*

Blührhythmus: Einmalblühend
Höhe: 30–40 cm
Breite: 40–60 cm
Blütenfarbe: Zartrosa, später weißlich
Blüte: Klein, ungefüllt
Duft: Leicht
Wuchs: Schwachwachsend, flach niederliegend mit dünnen, bogigen, stark verzweigten Trieben
Verwendung: In Gruppen als Flächendecker für Böschungen und Wegränder, einzeln im Steingarten

'Heidetraum'

⬆ 60–80 ⬌ 40–60 ✿ 2× D*

Blührhythmus: Öfterblühend
Höhe: 60–80 cm
Breite: 40–60 cm
Blütenfarbe: Leuchtend karminrosa
Blüte: Klein, locker halbgefüllt
Duft: Leicht
Wuchs: Aufrecht niedrig buschig
Verwendung: In Gruppen als Flächendecker oder auch einzeln an Wegen und Treppen, im Kübel oder in der Ampel
ADR-Rose 1990
TIPP: Sehr robust, vielseitig.

■ Oben: 'Heideröslein Nozomi'
■ Unten: 'Heidetraum'

'Lavender Dream'

⬆ 60–80 ↔ 60–80 ✿ 2× D *

Blührhythmus: Öfterblühend
Höhe: 60–80 cm
Breite: 60–80 cm
Blütenfarbe: Leuchtend rosarot
Blüte: Klein, halbgefüllt
Duft: Leicht
Wuchs: Aufrecht buschig
Verwendung: Einzeln oder in Gruppen, für Beete, Hänge, Wegränder, vor Gehölzen
TIPP: Die außergewöhnliche Blütenfarbe passt wunderbar zu vielen Stauden im Beet.

■ **'Lavender Dream'**

'Mirato'

⬆ 40–60 ↔ 40–60 ✿ 2× D –

Blührhythmus: Öfterblühend
Höhe: 40–60 cm
Breite: 40–60 cm
Blütenfarbe: Pink
Blüte: Mittelgroß, halbgefüllt
Duft: Fehlt
Wuchs: Niedrig buschig
Verwendung: Vielseitig, für Vorgärten und am Gehölzrand, auch für Beete und im Kübel
ADR-Rose 1993
TIPP: Eine sehr robuste und reichblühende Sorte, die bis zum Frost unermüdlich Blüten nachtreibt.

'Palmengarten Frankfurt'

⬆ 70–100 ↔ 80–100 ✿ 2× D *

Blührhythmus: Öfterblühend
Höhe: 70–100
Breite: 80–100 cm
Blütenfarbe: Leuchtend karminrosa
Blüte: Mittelgroß, locker halbgefüllt, in Büscheln
Duft: Leicht
Wuchs: Niedrig buschig
Verwendung: In Gruppen als Bodendecker, aber auch einzeln im Beet
ADR-Rose 1992
TIPP: Schöner Kontrast der Blütenfarbe zum Laub.

'Red Yesterday'

⬆ 60−80   ↔ 50−60   ✿ 2×   D −

Blührhythmus: Öfterblühend
Höhe: 60–80 cm
Breite: 50–60 cm
Blütenfarbe: Purpur-karminrot mit weißer Mitte
Blüte: Klein, ungefüllt, in dichten Büscheln
Duft: Fehlt
Wuchs: Niedrig buschig, teilweise überhängend
Verwendung: Als kleine Strauchrosengruppe, flächig an Böschungen, auch im Beet oder im Kübel.

'Schneeflocke'

⬆ 40−50   ↔ 30−40   ✿ 1×   D ***

Blührhythmus: Öfterblühend
Höhe: 40–50 cm
Breite: 30–40 cm
Blütenfarbe: Reinweiß
Blüte: Mittelgroß, halbgefüllt, in dichten Büscheln
Duft: Leicht
Wuchs: Aufrecht buschig
Verwendung: Einzeln, in Gruppen oder flächig, im Beet, vor Gehölzen oder begleitend an Wegen, auch als Stammrose
ADR-Rose 1991
TIPP: Sehr bewährte, robuste Sorte.

■ Oben: 'Red Yesterday'
■ Unten: 'Schneeflocke'

'Sommerwind'

⬆ 40 – 60 ↔ 40 – 60 ✿ 2 × D *

Blührhythmus: Öfterblühend
Höhe: 40–60 cm
Breite: 40–60 cm
Blütenfarbe: Kräftig rosa
Blüte: Mittelgroß, halbgefüllt, mit gekerbten Blütenblättern
Duft: Fehlt
Wuchs: Niedrig buschig
Verwendung: Vielseitig, in Gruppen als Flächendecker, auch einzeln als Beetrose, als Stammrose oder im Kübel
TIPP: Reich blühende, robuste Sorte.

'The Fairy'

⬆ 40 – 60 ↔ 50 – 70 ✿ 2 × D –

Blührhythmus: Öfterblühend
Höhe: 40–60 cm
Breite: 50–70 cm
Blütenfarbe: Zartrosa
Blüte: Klein, dicht gefüllt, in dichten Büscheln
Duft: Fehlt
Wuchs: Niedrig buschig
Verwendung: Als Flächendecker an Böschungen und vor Gehölzen, auch einzeln als Beetrose oder im Kübel
TIPP: Schön auch als Stammrose.

■ Oben: 'Sommerwind'
■ Unten: 'The Fairy'

Kletternde Rosen

Hier unterscheiden wir zwischen den eigentlichen **Kletterrosen** – mit dicken, etwas starren Trieben, die unbedingt an Rankgerüsten befestigt werden müssen – und den **Ramblern**, die mit ihren weichen Trieben von ganz allein in Bäume, auf Pergolen, Lauben und an ähnlichen Rankhilfen hinaufklettern können, wenn man

sie von Beginn an aufleitet. Kletternde Rosen lassen sich wunderbar im Garten und auf dem Balkon einsetzen: Sie dienen als blühender Sichtschutz, als heimelige Laube, als üppige Wandbegrünung, zur Verschönerung abgestorbener Bäume – Ihrer Fantasie sind hier kaum Grenzen gesetzt.

■ Fühlen sich Kletterrosen an ihrem Standort wohl, können sie Balkon, Terrasse und ganze Hauswände in üppige Blütenwolken hüllen.

Kletterrosen

'Alchymist'

⬆ 200 – 300 ↔ 80 – 120 ✿ 1 × D ***

Blührhythmus: Einmalblühend
Höhe: 2–3 m
Blütenfarbe: rötlich goldgelb
Blüte: Groß, dicht gefüllt
Duft: Stark
Wuchs: Wuchskräftige Kletterrose
Verwendung: Schön an Obelisken und Toren.
TIPP: Robuste Kletterrose mit herrlich nostalgisch anmutenden Blüten.

'Golden Showers'

⬆ 200 – 300 ↔ 80 – 120 ✿ 2 × D *

Blührhythmus: Öfterblühend
Höhe: 2–3 m
Blütenfarbe: Leuchtend gelb
Blüte: Groß, gefüllt
Duft: Leicht
Wuchs: Aufrecht bis strauchig überhängend
Verwendung: Zur Berankung von Toren, Obelisken und Rankgittern.
TIPP: Ungewöhnlich früh und reich blühende Kletterrosen-Sorte mit edelrosenartigen Knospen und nach dem Aufblühen verblassenden Blüten.

■ Oben: 'Alchymist'
■ Unten: 'Golden Showers'

Wuchs: ⬆ Höhe in cm ↔ Breite in cm **Blührhythmus:** ✿ 1 × einmalblühend ✿ 2 × öfterblühend
Duft: D – kein D * leichter D ** kräftiger D *** sehr starker Duft

'Ilse Krohn Superior'

⬆ 200–300   ↔ 80–120   ✿ 2×   D ✳✳✳

Blührhythmus: Öfterblühend
Höhe: 2–3 m
Blütenfarbe: Reinweiß
Blüte: Groß, dicht gefüllt
Duft: Stark
Wuchs: Aufrecht überhängend
Verwendung: Für die Berankung von Wänden, Torbögen und Pergolen.
TIPP: Elegant, sie bilden einen schönen Kontrast zum dunklen Laub.

'Laguna'

⬆ 200–300   ↔ 80–120   ✿ 2×   D ✳✳

Blührhythmus: Öfterblühend
Höhe: 2–3 m
Blütenfarbe: Kräftig rosa
Blüte: Groß, dicht gefüllt
Duft: Kräftig
Wuchs: Aufrecht, starktriebig
Verwendung: Für Wand, Bogen, Säule, Laube und Pergola
ADR-Rose 2007
TIPP: Großblütiger Kletterer mit nostalgischem Blütencharme.

'Lawinia'

⬆ 200–300   ↔ 80–120   ✿ 2×   D ✳✳✳

Blührhythmus: Öfterblühend
Höhe: 2–3 m
Blütenfarbe: Reinrosa
Blüte: Groß, dicht gefüllt, edelrosenartig
Duft: Stark
Wuchs: Aufrecht, starktriebig
Verwendung: Für Bogen, Wand und Spalier, als Hochstammrose.
TIPP: Robuste, vielseitig verwendbare Sorte mit schönen, edelrosenartigen Knospen, die sich während der ganzen Saison nachbilden.

■ 'Laguna' (rosa) mit 'Aloha' (aprikot-rosa)

'New Dawn'

⬆ 200–300 ↔ 100–180 ✿ 2× D ***

Blührhythmus: Öfterblühend
Höhe: 2–3 m
Blütenfarbe: Weißlich rosa
Blüte: Mittelgroß, locker gefüllt
Duft: Stark
Wuchs: Bogig überhängend
Verwendung: Für Pergola, Wand und Spalier, auch als Kaskadenrose.
TIPP: Robuste, regenfeste Sorte.

'Raubritter'

⬆ 200–300 ↔ 80–120 ✿ 1× D *

Blührhythmus: Einmalblühend
Höhe: 2–3 m
Blütenfarbe: Leuchtend rosa
Blüte: Klein, kugelig, dicht gefüllt
Duft: Leicht
Wuchs: Breit aufrecht
Verwendung: Für Rankgitter, Spalier und Säule
TIPP: Blüten verkleben bei Regen; anfällig für Mehltau, daher an luftigen Platz ohne Hitzestau pflanzen.

■ 'New Dawn'

■ 'Raubritter'

'Rosarium Uetersen'

⬆ 200 – 300   ↔ 80 – 120   ✿ 2×   D*

Blührhythmus: Öfterblühend
Höhe: 2–3 m
Blütenfarbe: Leuchtend tiefrosa
Blüte: Groß, dicht gefüllt
Duft: Leicht
Wuchs: Aufrecht buschig, langsam kletternd
Verwendung: An Spalier, Säule und Mauer, auch als Strauch- und als Stammrose
TIPP: Robuste, kräftige Sorte, die sich sehr vielseitig verwenden lässt und u. a. auch als Kaskaden (Trauer-)rose angeboten wird.

'Santana'

⬆ 200 – 400   ↔ 100 – 150   ✿ 2×   D*

Blührhythmus: Öfterblühend
Höhe: 2–4m
Blütenfarbe: Leuchtend feuerrot
Blüte: Groß, gefüllt
Duft: Leicht
Wuchs: Starkwüchsig mit kräftigen Trieben
Verwendung: Für Mauer, Sichtschutzwand, ogen, Laube und Pergola, auch in Gefäßen
TIPP: Eine der besten roten Kletterrosen, die auch in der Sonne nicht verblasst.

■ Oben: 'Rosarium Uetersen'
■ Unten: 'Santana'

Ramblerrosen

'American Pillar'

⬆ 300–500   ↔ 100–150   ❀ 1×   D –

Blührhythmus: Einmalblühend
Höhe: 3–5 m
Blütenfarbe: Karminrosa mit weißer Mitte
Blüte: Klein, ungefüllt, in dichten Büscheln
Duft: Fehlt
Wuchs: Wuchskräftiger Rambler
Verwendung: Für Pergola und Rosenbogen, in Bäume kletternd, als Kaskadenrose
TIPP: An luftige Stellen pflanzen, sonst Gefahr von Mehltaubefall!

'Félicité et Perpétué'

⬆ 300–500   ↔ 100–150   ❀ 1×   D ***

Blührhythmus: Einmalblühend
Höhe: 3–5 m
Blütenfarbe: Weiß mit zartrosa Schimmer
Blüte: Klein, dicht gefüllt
Duft: Kräftig
Wuchs: Wuchskräftiger Rambler
Verwendung: Für Pergola, Säule und Rankgerüst, in Bäume kletternd und auch als Kaskadenrose
TIPP: Wunderschöner, üppiger Blüher.

'Bobbie James'
(= 'Bobby James')

⬆ 400–700   ↔ 100–180   ❀ 1×   D ***

Blührhythmus: Einmalblühend
Höhe: 4–7 m
Blütenfarbe: Cremeweiß
Blüte: Klein, ungefüllt, in sehr dichten Büscheln
Duft: Stark
Wuchs: Rambler, sehr wuchsstark
Verwendung: Für Pergola, Laube, in Bäume kletternd (siehe Bild Seite 73)
TIPP: Sehr wuchsstarke ältere Sorte, die zwar nur einmal, dafür aber umso üppiger blüht. Für raue Lagen nicht zu empfehlen.

■ 'Felicité et Perpetué'

'Jasmina'

⬆ 200 – 300 ↔ 80 – 120 ✿ 1× D✳

Blührhythmus: Öfterblühend
Höhe: 2–3 m
Blütenfarbe: Rosaviolett
Blüte: Mittelgroß, dicht gefüllt
Duft: Leicht
Wuchs: Eher schwachwüchsiger Rambler mit gut verzweigten Trieben
Verwendung: Für Spalier, Rosenbogen, Laube und Pergola
ADR-Rose 2007
TIPP: Reich blühender und zugleich duftender Rambler mit herrlich geformten Blüten.

'Paul's Himalayan Musk-Rambler'

⬆ 500 – 800 ↔ 100 – 120 ✿ 2× D✳

Blührhythmus: Einmalblühend
Höhe: 5–8 m
Blütenfarbe: Violettrosa
Blüte: Klein, dicht gefüllt, in Büscheln
Duft: Leicht
Wuchs: Sehr wuchsstarker Rambler
Verwendung: Für Pergolen und Wände, in Bäume kletternd
TIPP: Robuste, blühfreudige und wuchskräftige Sorte, die spielend Bäume und hohe Klettergerüste erklimmt und von dort ihre Blütenwolken verbreitet.

'Rambling Rector'

⬆ 400 – 500 ↔ 100 – 180 ✿ 1× D✳✳✳

Blührhythmus: Einmalblühend
Höhe: 4–5 m
Blütenfarbe: Cremeweiß
Blüte: Klein, locker halbgefüllt, in dichten Büscheln
Duft: Stark
Wuchs: Rambler mit stark verzweigten Trieben
Verwendung: Für Bogen und Pergola, in Bäume kletternd.
TIPP: Blüht zwar nur einmal pro Saison, dafür aber sehr üppig.

■ 'Jasmina'

'Super Excelsa'

⬆ 200 – 300   ↔ 80 – 120   ✿ 1 ×   **D** *

Blührhythmus: Öfterblühend
Höhe: 2–3 m
Blütenfarbe: Karminrosa mit weißen Streifen
Blüte: Klein, dicht gefüllt, in dichten Büscheln
Duft: Leicht
Wuchs: Relativ schwachwüchsiger Rambler
Verwendung: Aufgebunden an Spalier und Pergola, auch als Kaskadenrose
ADR-Rose 1991
TIPP: Robuste und gesunde Sorte.

'Veilchenblau'

⬆ 300 – 500   ↔ 100 – 150   ✿ 1 ×   **D** *

Blührhythmus: Einmalblühend
Höhe: 3–5 m
Blütenfarbe: Purpurviolett mit weißer Mitte
Blüte: Klein, locker gefüllt
Duft: Leicht
Wuchs: Starkwüchsiger Rambler mit fast stachellosen Trieben
Verwendung: Für Laube, Pergola und Wand, auch in Bäume kletternd
TIPP: Besticht durch ungewöhnliche Blüten-farbe und überreiche Fülle.

■ Oben: 'Super Excelsa'
■ Unten: 'Veilchenblau'

Rosen verwenden und kombinieren

Rosen in der Gartengestaltung

Die Auffassungen, wie man Rosen »richtig« zu verwenden hat, haben sich gegenüber den letzten Jahren deutlich geändert. Zum Glück – ermöglichen sie doch heute deutlich mehr Kombinationen und orientieren sich stärker am natürlichen Wuchscharakter der Rose.

Früher war man der Meinung, zumindest Beetrosen (und Edelrosen) sollten nur für sich und nur in eigene Beete gepflanzt werden. Aus zwei Gründen: Zum einen würde man nur so ihrer

Besonderheit als »Königin der Blumen« wirklich gerecht; Begleitpflanzen würden sie in ihrer Wirkung nur stören. Zum anderen ließe sich nur so die entsprechende Pflege (v. a. Bodenbearbeitung und Spritzen gegen Krankheiten) gewährleisten, die Rosen nun einmal benötigten.

Heute ist man davon so gut wie ganz abgekommen, ganz allgemein aufgrund einer anderen Auffassung von Gärten, nicht zuletzt aber auch aufgrund der Züchtungserfolge bei robusten, gegen Krankheiten widerstandsfähigen Sorten, die den Pflegeaufwand deutlich reduzieren. Eine Ausnahme bilden lediglich Rosensammlungen und Pflanzungen in traditionellen Anlagen, deren Charakter bewahrt werden soll.

Im Hausgarten und in öffentlichen Anlagen versucht man jedoch mehr und mehr, dem natürlichen Charakter der Rose gerecht zu werden, sie weniger als edles Zuchtobjekt zu sehen, sondern als das, was sie von Natur aus ist: ein einmaliges Blütengehölz, das sich durch die überaus lange Blütezeit und die

■ Eine traumhafte Kombination sind Rosen mit Rittersporn.

TIPP Lassen Sie sich bei der Anlage Ihrer Rosenpflanzung von gelungenen Beispielen inspirieren, und besuchen Sie eine der zahlreichen öffentlichen Schaugärten, Rosarien und Rosensammlungen. Entsprechende Adressen erhalten Sie bei Liebhabervereinen wie dem VDR (siehe Seite 124/125).

üppige Fülle an sehr attraktiven Blüten von allen anderen Gehölzen deutlich abhebt. Durch entsprechende Verwendung und Kombination können auch Sie in Ihrem Garten diesem Charakter gerecht werden und so die Rosen harmonisch in die restlichen Pflanzungen einbinden.

Drei Gestaltungsgrundsätze

Wenn Sie die folgenden drei wesentlichen Punkte schon vor der Pflanzung beachten, wird Ihnen die Verwendung von Rosen im Garten relativ leicht gelingen.

■ Pflanzen Sie Rosen nicht einzeln und isoliert, sondern **möglichst in kleinen Gruppen** – mit Ausnahme der strauchartig wachsenden und der kletternden Rosen.

■ Setzen Sie Ihre Rosen **vor einen grünen Hintergrund**, möglichst aus Gehölzen (siehe Seite 78 f.).

■ Schaffen Sie durch geeignete Nachbarpflanzen einen nicht zu dominanten Rahmen, der die Wirkung Ihrer Rosen unterstreicht und die Aufmerksamkeit nicht von ihnen ablenkt. Als Begleitpflanzen eignen sich vor allem Stauden, Gräser und niedrige Gehölze (siehe Seite 74 f.). Achten Sie bei der Auswahl auf passende Blütenfarben und eine günstige Höhenabstufung (siehe Seite 68 und 81 f.).

Die Wirkung von Farben

Dass Farben unsere Gefühle und Empfindungen beeinflussen, erfahren wir täglich: bei der Kleidung, beim Essen, durch die Werbung, usw. Die Wirkung ist nicht nur sprichwörtlich (»beruhigendes Grün«), sondern sie lässt sich auch in neutralen Tests nachweisen. Die persönlichen Farbvorlieben sind jedoch äußerst subjektiv und spiegeln den eigenen Geschmack wider – denken Sie nur daran, wie Ihnen der letzte Blumenstrauß gefiel, den Sie bekommen

■ Rote und blaue Töne bilden einen klassischen Farbkontrast – hier 'Chianti' mit Rittersporn.

■ Farben einer Farbgruppe – hier Gelb und Orange – wirken immer besonders ausgewogen.

■ Oben: Ein bewährter Farbkontrast ist kühles Weiß ('Schneeflocke') mit ähnlich kühlem Violett (die Fein-strahlaster *Erigeron*).
■ Unten: Warme Farbtöne (das Rot von 'Rose de Resht' mit dem Goldgelb des Goldlauchs, *Allium moly*) passen gut zusammen.

haben. Wie die einzelnen Farben bei Pflanzen wirken, ist hier kurz zusammengestellt:

■ **Weiß** wirkt weit, luftig, frisch, elegant und edel. Weiße Blüten hellen schattige Garten-bereiche auf und beleben tiefe, kräftige Farben in der Umgebung – allerdings nur, wenn das Weiß nicht dominiert, denn dann kann es auch unruhig wirken.

■ **Grau** wirkt zurückhaltend und zart, es bringt benachbarte Farben zum Leuchten und mil-dert harte Kontraste – daher sind graulaubige Pflanzen gerade in Rosenbeeten so überaus wertvoll.

■ **Gelb** strahlt Licht und Wärme aus, es wirkt sonnig und heiter. Vorsicht, nicht zu massiv verwenden!

■ **Orange** und **Apricot** wirken besonders warm und sonnig, ansonsten ähnlich wie Gelb.

■ **Rosa** hat eine zarte, dezente Ausstrahlung, und es kann gut in größerer Menge einge-setzt und auch kombiniert werden.

■ **Rot** wirkt sehr lebhaft und dominant, das Auge kann sich ihm nicht entziehen. Außer-dem verkürzt es scheinbar die Entfernung. Bläuliche Rottöne lassen sich kaum zusam-men mit gelblichen verwenden.

■ **Violett** ist eine seltene Farbe im Rosen-sortiment, meist ist es eher ein Rosaviolett. Als Farbe wirkt es duftig, romantisch und zart – zumindest die hellen Töne, die dunk-len sind oft etwas schwer.

Gerade die **Auswahl der Blütenfarben** im Garten (oder auf dem Balkon) ermöglicht es uns, gezielt eine Umgebung zu schaffen, in der wir uns wohl fühlen können. Bei Rosen ist die Palette der Blütenfarben sehr groß, einzig Blau fehlt. Die größte Vielfalt gibt es bei den Rosa- und Rottönen.

Lassen Sie sich jedoch durch die Fülle des Angebots in Katalogen und Gärtnereien nicht verführen, und pflanzen Sie auf keinen Fall zu viele Sorten zusammen, seien sie auch noch so schön. Weniger ist in diesem Fall eindeutig mehr.

Wählen Sie besser nur **einige wenige Sorten** aus – die Anzahl hängt ganz vom zur Verfügung stehenden Platz ab –, und pflanzen Sie davon größere oder mehrere Gruppen. Das gesamte Beet wird dadurch ruhiger, geschlossener und ausgewogener. Außerdem lassen sich einige wenige Sorten deutlich besser aufeinander abstimmen (bezüglich Höhe, Blütezeit, Farbe, Ansprüche usw.) als eine unübersichtlich große Zahl.

Abwechslung in Höhe und Form

Neben der Wahl der Farbe müssen Sie auch die Höhe der einzelnen Sorten beachten, denn verschieden hohe Rosen sollten nicht planlos durcheinander gepflanzt werden. Grundsätzlich sollten Sie bei der Anlage Ihres Beetes versuchen, eine **Höhenstaffelung** vorzunehmen. Vom Weg zum Hintergrund hin gesehen, sollten vorne die niedrigsten, hinten die höchsten Pflanzen stehen, damit sie sich nicht gegenseitig verdecken.

■ Oben: Passende Ton-in-Ton- oder farbverwandte Begleiter wirken in sich harmonisch und lassen daher eine Bepflanzung ruhig und stimmig erscheinen.
■ Unten: Kräftige Blütenfarben werden durch dezentere, zurückhaltende Begleiter wie etwa Gräser in ihrer Wirkung betont.

Strauch- und Wildrosen im Garten

Rosen dieser Gruppe kommen der natürlichen Wuchsform einer Rose am nächsten. Auch in freier Natur bilden Rosen formschöne Büsche, meist mit überhängenden Blütentrieben. Dort wachsen sie zusammen mit anderen Sträuchern (meist Laubsträuchern) und Stauden. Solch natürliche Pflanzkombinationen kann man durchaus als Vorbilder für Zusammenstellungen im eigenen Garten nehmen.

Bei strauchig wachsenden Rosen drängt sich die Verwendung als **Solitär,** also als Blickfang in Einzelstellung, geradezu auf. Dies gilt ganz besonders für die **Wildrosen,** die häufig so ausladend wachsen, dass in einem normalen Garten ohnehin nur Platz für ein Exemplar ist.

Rosenhecken

Wildrosen und einmalblühende Strauchrosen eignen sich ideal zur Pflanzung einer frei wachsenden Hecke. Sie können sie als bis zu 2 m hohe, blickschützende Hecke oder als niedrige, nur 0,5–1 m hohe, blühende Abgrenzung anlegen, ganz nach Geschmack. Außerdem lässt sich eine solche Hecke als reine Rosenhecke oder gemischt mit anderen Blütensträuchern

■ Eine frei wachsende Strauchhecke aus Wildrosen ist zur Blütezeit eine unbeschreibliche Pracht. Überalterte Triebe gelegentlich herausschneiden.

gestalten, z. B. mit den schönen Kolkwitzien, mit Schneeball, Falschem Jasmin *(Philadelphus)*, Kornelkirsche oder auch Flieder.

Noch ein Hinweis: Achten Sie bei der Anlage einer Hecke an der Grundstücksgrenze auf den vorgeschriebenen **Grenzabstand**, die je nach Bundesland verschieden sind (Auskunft bei der Stadt bzw. Gemeinde).

Romantische Alte Rosen

Romantisches Flair und herrlichen Duft verbreiten Alte Rosen sowie die ihnen nachempfundenen modernen Formen, also die Englischen und Romantischen Strauchrosen. Sie verdienen einen besonderen Platz im Garten, an dem man ihre Schönheit und den Duft aus der Nähe genießen kann. Dabei lassen sie sich durchaus mit passenden Begleitstauden kombinieren.

Eine unauffällige **Stütze** verhindert, dass die oft schweren, gefüllten Blütenköpfe bei Regen zu Boden hängen oder gar abknicken, zumal viele Alte Rosen lange, überhängende Triebe bilden.

Schön wirken die Alten und Nostalgierosen auch als heckenartige Gruppe gepflanzt, mit der man ein ganzes Gartenzimmer oder einen romantischen Sitzplatz vom übrigen Garten abtrennt. Dort kann man dann ungestört seiner Rosenleidenschaft frönen und ihren herrlichen Duft genießen oder Blüten für ein Potpourri sammeln.

TIPP Wenn Sie genügend Platz im Garten haben, so versuchen Sie einmal, statt einer einzelnen Strauchrose eine Gruppe aus drei Exemplaren dicht zusammenzupflanzen. Die Wirkung ist enorm, die eingewachsene Gruppe erscheint wie ein einziger, üppiger Rosenstrauch.
Die Wirkung ist enorm, denn die Einzelpflanzen lösen ihre Konturen auf und wachsen förmlich zu einem einzigen, überaus üppigen Rosenstrauch zusammen, der im Sommer überreich blüht.

■ Die schweren, dicht gefüllten Blüten von Alten Rosen kommen mit einer Stütze besser zur Geltung.

Bodendeckerrosen – praktisch und pflegeleicht

Die niedrigen, robusten und pflegeleichten Bodendeckerrosen sind eine wunderbare Alternative zu den üblichen Bodendeckern, wenn es darum geht, Flächen mit einer dichten Pflanzendecke zu überziehen, so dass **kein Unkraut** aufkommen kann. Wichtig ist dabei, dass im Boden vorhandene Unkräuter (auch Wurzel- und Rhizomstücke, z.B. von Giersch, Quecke und Ackerwinde) vor der Pflanzung sorgfältig ausgelesen werden. Dann ersparen Sie sich viel unnötige Arbeit, und Sie haben doch einen hübschen Blütenteppich für Wegränder und Flächen, die wenig begangen werden und um die Sie sich nicht weiter kümmern wollen. Einmal eingewachsen, macht er nur wenig Arbeit.

Pflanzungen mit Beetrosen gestalten

■ Am Sitzplatz sorgen Beetrosen für anhaltende Blütenpracht während der ganzen Saison.

Bei den Rosen für Beete (siehe Seite 36 ff.) muss man unterscheiden zwischen den eher kleinblütigen Sorten, deren Blüten zu mehreren in meist dichten Büscheln stehen, und den großblütigen, bei denen von der Einzelblüte die beherrschende Wirkung ausgeht. Zur ersten Gruppe zählen neben den Zwergrosen die eigentlichen Beetrosen, die in den Katalogen manchmal in mehreren Gruppen geführt werden, z.B. als Polyantha- und Floribundarosen sowie Polyantha-Hybriden etc. Die zweite Gruppe dagegen besteht aus den Edelrosen bzw. Teehybriden.

Beetrosen bleiben niedrig und verzweigen sich bereits in geringer Höhe – daher der Blütenreichtum, der für viele Wochen anhält. Bei ihnen wirken weniger die einzelnen Blüten für sich, sondern in erster Linie die üppige Fülle der Blüten, die bereits aus geringer Entfernung eine Art Farbteppich darstellt. Beetrosen und Zwergrosen sollten daher nicht einzeln, sondern **möglichst in Gruppen** gepflanzt werden.

Die Kunst besteht nun darin, die **Farben** der Beetrosen so **aufeinander und auf die Umgebung abzustimmen**, dass die Pflanzung insgesamt harmonisch wirkt. Wobei »harmonisch« durchaus nicht allgemein gültig, sondern dem persönlichen Geschmack entsprechen soll.

Wichtig ist, dass Sie bei der Farbwahl nicht nur die unmittelbar benachbarten Pflanzen berücksichtigen, sondern auch die etwas weiter entfernt stehenden – sofern sie sichtbar sind. Außerdem darf man die Farbe der Mauern, Hauswände und anderer Gebäudeteile, die im Zusammenhang mit der Rosenpflanzung gesehen werden können, nicht außer acht lassen. Bedenken Sie dabei auch, dass die Wasserfläche eines Garten- oder Schwimmteiches eine Hauswand reflektieren kann, so dass man sie nun u. U. vor der Rosenpflanzung sieht.

Edelrosen im Garten

Ganz im Gegensatz zu den Beetrosen und Zwergrosen steht die Verwendung der Edelrosen. Hier ist jede einzelne eine Attraktion, die wir in die Hand nehmen, sie genau betrachten, befühlen und daran riechen können wollen. Eine flächige Pflanzung wäre hier Verschwendung und würde der edlen Wirkung der Blüten nicht gerecht werden. Pflanzen Sie hier daher besser **Einzelexemplare** oder **kleine Gruppen.** Dabei können Sie ruhig mehrere Sorten zusammenstellen, um die Verschiedenartigkeit der Blüten und Düfte vor Augen zu haben.

TIPP Wollen Sie Rosen in Gruppenpflanzen, so wählen Sie dazu am besten eine ungerade Zahl an Exemplaren der gleichen Sorte. Pflanzen Sie also z. B. jeweils 3, 5 oder 7 Exemplare. Eine solche Gruppe wirkt deutlich harmonischer als eine aus einer geraden Zahl zusammengesetzte.

Um sie richtig genießen zu können, bietet es sich an, Edelrosen in die Nähe der Terrasse, des Sitzplatzes oder eines Weges zu pflanzen. Die Begleitpflanzen sollten in jedem Fall zurückhaltend sein oder dezent die Blütenfarbe der Rose umspielen.

■ Duftende Edelrosen sorgen für sinnliches Vergnügen; sie lassen sich auch gut mit Beetrosen kombinieren.

Kletterrosen – Rosen in der dritten Dimension

Kletterrosen kommen in letzter Zeit immer mehr in Mode. Zum einen deshalb, weil unsere Gärten immer kleiner werden und sich mit den Kletterern nicht nur Hauswände in blühende Fassaden verwandeln lassen, sondern weil man mit ihnen auch kleine Räume aufteilen, strukturieren und dadurch größer erscheinen lassen kann. Außerdem bringen sie unwiderstehlichen Charme und Atmosphäre in den Garten, der

gerade mit kletternden Rosen persönlich und unverwechselbar wird.

Darunter sind auch solche, die sich durch angenehme Duftnoten und hohe Widerstandsfähigkeit gegen Krankheiten auszeichnen.

Verwendungsmöglichkeiten für Kletterrosen

Es gibt vielerlei Gestaltungs- und Verwendungsmöglichkeiten für die kletternden Rosen im Garten, auf Terrasse und Balkon. Daraus ergeben sich auch die verschiedenen Rankgerüste und Kletterhilfen, die dazu eingesetzt werden können.

Kletterrosen an der Hauswand

Dies ist wohl die häufigste Pflanzweise für Kletterrosen. Dazu benötigen Sie ein **stabiles Rankgerüst,** das an der Hauswand bzw. Mauer angebracht wird. Achten Sie darauf, dass die Rankvorrichtung einige Zentimeter Abstand zur Wand hat (Abstandshalter verwenden!), sodass Luft zirkulieren kann. Meist ist das Rankgerüst aus Holz, es kann auch selbst gefertigt werden. Da es eine lang haltende Einrichtung sein soll, muss es unbedingt witterungsbeständig vorbehandelt sein (z. B. kesseldruckimprägniert). Nachträgliches Streichen ist hier zu mühsam. Für die Wandbegrünung mit Kletterrosen bieten sich nach (Süd)Osten oder (Süd)Westen

■ Ein mit Kletterrosen bewachsener Rosenbogen schafft eine märchenhafte Atmosphäre im Garten.

gerichtete Wände besonders an. An Südwän-
den, die ungeschützt (vor allem mittags) der
prallen Sonneneinstrahlung ausgesetzt sind,
kann es zum Befall durch **Spinnmilben** kommen. Die Blütenfarbe sollte möglichst gut auf
die Farbe der Hausfassade bzw. Wand abge-
stimmt sein und gut hervortreten – eine weiße
Kletterrose vor einer weißen Hauswand wirkt
kaum, bei einer Klinkerfassade jedoch sehr
wohl.

Rosenbogen und Pergola

Will man kletternde Rosen frei im Garten em-
porranken lassen, so muss man auf ein stabiles, frei stehendes Rankgerüst zurückgreifen.
Hierzu werden im Handel die verschiedensten
Modelle und Qualitäten angeboten. Auf min-
derwertige Materialien sollten Sie dabei wenn
irgend möglich verzichten, denn hier sparen Sie
am falschen Platz. Ein Rosenbogen aus Kunst-
stoffrohren knickt unter der Last der blütenbe-

■ Klassische Verwendung für die rosigen Kletterkünstler: Lassen Sie damit Ihre Pergola begrünen.
Dazu eignen sich vor allem Kletterrosen wie 'Bobbie James'.

hangenen, regennassen Triebe leicht ein und lässt sich zudem kaum reparieren. Nachträglich die Kletterrose nochmals an einem neuen Gestell hochzuziehen, ist – vom Preis abgesehen – sehr aufwändig. Hier lohnt es sich, gleich zu einem **soliden Gestell aus Holz** oder, noch besser, **aus Metall** zu greifen. Achten Sie auf die Verarbeitung (Imprägnierung bzw. Beschichtung, Ausführung der Verbindungspunkte).

Mitterweile gibt es eine breite Palette an Formen für die Gerüste, sie reicht vom klassischen Rosenbogen über Halbbögen und Obeliske bis hin zur großzügigen Pergola.

Ramblerrosen für Blütenbäume

Ganz ohne eine künstliche Kletterhilfe kommt man bei der Verwendung von Ramblern aus, wenn man sie einen Baum hinaufwachsen lässt. Dazu bieten sich vor allem **ältere** oder auch abgestorbene **Laub-, Nadel-** oder **Obstbäume** an. Pflanzen Sie die Ramblerrose etwa 50 cm vom Stamm entfernt ein und leiten Sie die Triebe anfangs den Stamm hinauf. Später finden sie von ganz allein den Weg in die Krone. Wenn die langen Blütentriebe im Juni kaskadenartig aus den Baumästen herabhängen, sind solche »Blütenbäume« ein fantastischer Anblick. Im Herbst zeigen Ramblerrosen eine wunderschöne Laubfärbung und überreichen Hagebuttenschmuck, der in der trüben Jahreszeit durch den Garten leuchtet.

■ Alte Bäume sind die ideale Stütze für Ramblerrosen. Einfach die Triebe am Stamm hinaufleiten.

Stammrosen – Blütenpracht auf kleinstem Raum

Stammrosen verbreiten romantisches Flair und wecken Erinnerungen an vergangene Zeiten, an bunte Bauerngärten und an die höfische Pracht barocker Schlossparks. Auch auf kleinstem Raum ermöglichen sie üppige Blütenfülle und stellen einen absoluten Blickfang dar, ganz gleich, ob sie ausgepflanzt oder im Kübel gehalten werden. Rosenstämmchen werden daher immer beliebter, denn sie lassen sich (im Kübel) sogar auf der Terrasse und dem Balkon einsetzen.

Rosenstämme für jeden Zweck

In der Baumschule werden Stamm- und Kaskaden- bzw. Trauerrosen herangezogen, indem die Veredlung erst in einer gewissen Höhe durchgeführt wird. Im Handel findet man folgende Typen im Angebot:

■ **Zwerg- oder Fußstammrosen** – Veredlungen von Zwerg- und Bodendeckerrosen auf 40 cm Stammhöhe

■ Zwerg- und Fußstämmchen, ob ausgepflanzt oder im Topf, sind als Rahmen für einen Sitzplatz ideal, denn man kann sie direkt in Augen- und Nasenhöhe genießen.

■ Für Kaskaden- bzw. Trauerrosen empfiehlt sich eine solche Metallstütze, an deren Schirm die weichen Triebe angebunden werden.

■ **Halbstammrosen** – Veredlungen von vor allem Edelrosen auf 60 cm Stammhöhe

■ **Hochstammrosen** – Veredlungen von Beet- und Bodendeckerrosen auf 90 cm Stammhöhe

■ **Kaskaden- oder Trauerrosen** – Veredlungen von Kletterrosen, Ramblern und Bodendeckerrosen auf 140 cm Stammhöhe.

Weil die Veredlungsstelle bei Stammrosen frei über dem Boden liegt, benötigt sie speziellen Winterschutz (siehe Seite 115).

Wichtig ist, dass das Material zum Einpacken luftdurchlässig ist. Plastikfolien oder -säcke sind nicht geeignet, auch wenn sie perforiert sind!

Als Stammrosen geeignete Sorten

Sorte	Zwergstammrose	verwendbar als Halbstammrose	Hochstammrose	Kaskadenrose
'Aprikola'		■		
'Bonica '82'		■	■	
'Eden Rose '85'		■	■	
'Félicité et Perpétué'			■	■
'Friesia'		■	■	
'Ghislaine de Féligonde'				■
'Heidekönigin'				■
'Jacques Cartier'		■		
'Leonardo da Vinci'	■	■	■	
'Rosarium Uetersen'			■	
'Schneewittchen'			■	
'Sonnenkind'		■		
'Super Dorothy'			■	■
'The Fairy'	■	■	■	

Duftrosen – Rosen für die Sinne

Eine Rose ohne Duft ist für viele Rosenfans nur eine halbe Sache. Sie pflanzen sich spezielle Duftrosen, deren Blüten ein besonders intensives Aroma verströmen. Dazu eignen sich vor allem die verschiedenen Sorten der Alten Rosen.

Schon vor Jahrhunderten gewann man aus Duftrosenblüten das begehrte **Rosenöl**. Es wurde als Badezusatz, in Körperölen und als Salbungsmittel bei Bestattungen verwendet. Dabei stellte man Rosenöl durch Auszug der Blüten in Öl her, **Rosenwasser** durch Wasserdestillation. Für 1 kg Rosenöl werden etwa 3 000 kg (handgepflückte) Blüten benötigt. Das Hauptanbaugebiet liegt seit dem 18. Jahrhundert in Bulgarien, wo man vor allem die Ölrose anbaut, eine Sorte der Damaszenerrose *(Rosa × damascena* 'Trigintipetala') mit besonders ölreichen Blüten. Auch in der Türkei finden sich große Anbaugebiete.

Entscheiden Sie sich für eine Duftrose, dann sollten Sie für Ihre »Duftkönigin« eine Stelle **in der Nähe des Sitzplatzes** bzw. der Terrasse und/oder entlang eines Weges wählen, wo schon eine leichte Brise die Duftwolke zu Ihnen herüberträgt und Sie beim Vorbeigehen ab und zu eine Blüte in die Hand nehmen und daran schnuppern können.

Empfehlenswerte Duftrosen

Sorte	Rosengruppe	Blüte, Duft
'Königin von Dänemark'	Alte Rosen	Rosa, erlesen
'Louise Odier'	Alte Rosen	Rosa, herrlich
'Mme Isaac Pereire'	Alte Rosen	Rosa, himbeerartig
Rosa × centifolia 'Muscosa'	Alte Rosen	Rosa, intensiver Duft der Alten Rosen
'Rose de Resht'	Alte Rosen	Rot, sehr intensiv
'Graham Thomas'	Englische Rosen	Gelb, Teerosenduft
'Sebastian Kneipp'	Nostalgische Strauchrosen	Weiß, fein
'Margaret Merril'	Beetrosen	Weiß, süßlich
'Paul Cézanne'	Beetrosen	Gelb/Rosa, fruchtig
'Duftrausch'	Edelrosen	Violettrosa, stark
'Parole'	Edelrosen	Rosa, stark
'Alchymist'	Kletterrosen	Goldgelb, stark
'New Dawn'	Kletterrosen	Weißrosa, stark

Begleitpflanzen für Rosen

Erst passende Begleiter sorgen dafür, dass sich Rosen so richtig in Szene setzen können.

Gehölze als Hintergrund und Rahmen

Damit die Blüten der Rosen richtig zur Geltung kommen, benötigen sie einen geeigneten Hintergrund. Am besten eignen sich dazu Gehölze, denn vor der Farbe Grün heben sich die meisten Blütenfarben der Rosen besonders gut ab. Für einen neutralen Hintergrund können Sie zwischen verschiedenen Laub- und Nadelgehölzen wählen, wobei Sträucher oft schöner wirken als Bäume, da sie dichter und bis weiter zum Boden hin belaubt sind.

Schnittgehölze, etwa in Form von Hecken, stellen eine besonders gute, weil ruhige und damit nicht ablenkende Kulisse dar, vor der die Rosen ihr Blütenschauspiel aufführen können. In geradezu idealer Form erfüllen dies **Buchs** bei den Laubgehölzen und **Eibe** bei den Nadelbäumen.

TIPP Niedrige Buchshecken sind als Einfassung für Rosenpflanzungen sehr beliebt, weil sie die meist »kahlen Füße« der Rosen geschickt verdecken. Lässt man einzelne Buchssträucher höher wachsen und schneidet sie in geometrische oder Tierformen, eignen sie sich besonders für eine formale Gartengestaltung mit Rosen.

Beide sind sehr gut schnittverträglich, und beide verzweigen sich sehr gut, so dass für eine geschlossene grüne Szenerie gesorgt ist.

- Für eine dichte, niedrige Hecke pflanzen Sie Buchs in 20 bis 30 cm Abstand; damit lassen sich Heckenstreifen auf einer Höhe von ca. 20 bis 50 cm gestalten.

- Für höhere Hecken sollten Sie besser auf Eibe oder, falls Sie Laubgehölze bevorzugen, auf Buche oder Hainbuche zurückgreifen. Sie werden mit etwa 40 cm Abstand gepflanzt und ergeben Hecken von ca. 40 bis 150 cm Höhe.

Beispiele und Anregungen für Gehölze, die sich gut als Rosenpartner eignen, finden Sie in den Tabellen rechts.

Kletterpflanzen als Rosenbegleiter

Zu den schönsten kletternden Rosenbegleitern zählen zweifellos Waldreben (*Clematis*) und Geißblätter (*Lonicera*). Beide blühen zu ähnlichen Zeiten wie die Rosen, und bei beiden harmonieren Blüten- und Laubfarbe wunderbar mit der Pracht der Rosenblüten.

Bei **Clematis** haben Sie eine besonders große Auswahl an Blütenfarben und -formen. Zwar führt nicht jedes Garten-Center und jede Gärtnerei ein größeres Sortiment, doch hier helfen Spezialgärtnereien weiter (siehe Seite 124).

Laubgehölze und Halbsträucher* als Rosenpartner

Deutscher Name	Botanischer Name	Höhe	Bemerkung
Buchsbaum	Buxus sempervirens	je nach Schnitt	Immergrün, kräftig grünes, dichtes, kleines Laub
Bartblume	Caryopteris clandonensis	1–1,5 m	Blaublütiger Zierstrauch
Strauchmispel	Cotoneaster dammeri	0,8–1,5 m	Immergrün, dunkelgrün, kleinlaubig, roter Beerenschmuck im Herbst
Deutzie	Deutzia gracilis, D.-Hybriden	0,5–1,5 m	Kompakter Strauch, weiße oder zartrose Blütenbüschel
Sonnenröschen*	Helianthemum-Arten	20–30 cm	Zahlreiche Sorten mit weißen, gelben, rosa oder roten Schalenblüten
Johanniskraut	Hypericum calycinum	40–50 cm	Immergrün, große, goldgelbe Blüten
Kolkwitzie	Kolkwitzia amabilis	2–3 m	Überhängende Zweige, sehr reich blühend, rosa Blüten
Lavendel*	Lavandula angustifolia	30–60 cm	Immergrün, graues, aromatisch duftendes Laub; kleine violette oder weiße Blütenähren; nach der Blüte stutzen
Blauraute*	Perovskia atriplicifolia	1–1,5 m	Feine, blaue Rispen, graues Laub
Pfeifenstrauch, Falscher Jasmin	Philadelphus-Hybriden	1,5–3 m	Weiße. meist duftende Blüten, auch gefüllt
Heiligenkraut*	Santolina chamaecyparissus	30–40 cm	Immergrün, graulaubiger Blattschmuck, blassgelbe Blüten
Spierstrauch	Spiraea × arguta	0,5–2 m	Weiße, feine Dolden, Blütendolden rosafarben

Kletterpflanzen als Rosenpartner

Deutscher Name	Botanischer Name	Blüte/Bemerkung
Waldrebe, Clematis	Clematis-Hybriden	Großblumige Hybriden in vielen Farben, z.B. 'Mme Le Coultre' (weiß), 'Jackmanii' (blauviolett) u.v.a.
	Clematis viticella-Sorten und -Hybriden	Kleinblumige Sorten, z.B. 'Alba Luxurians' (weiß), 'Betty Corning' (zartviolett, duftend), 'Étoile Violette' (dunkelviolett)
Geißblatt	Lonicera × brownii	'Dropmore Scarlet' (orangerot)
	L. × heckrottii	Gelb-orangerot, duftend
	L. × tellmanniana	Goldgelb, wüchsig

TIPP Beachten Sie bei der Wahl des Standorts, dass Waldreben *(Clematis)* unbedingt einen schattigen Fuß brauchen, um das flache Wurzelsystem zu schützen. Die langen Blütentriebe streben dagegen der Sonne entgegen. Versehen Sie daher den Wurzelbereich mit einer flachen, dichten Unterpflanzung und einer schattierenden Vorpflanzung. Ideal eignen sich dafür Immergrün *(Vinca)* und Beet- oder Bodendeckerrosen.

Achten Sie bei der Auswahl vor allem auf eine harmonische Abstimmung der Blütenfarben mit den jeweiligen Rosen.

Die verschiedenen **Geißblatt**-Arten und -Sorten warten zwar mit weniger großen und daher insgesamt unauffälligeren Blüten auf, werden Sie jedoch durch ihre kräftigen Duftnoten begeistern, den sie vorwiegend in den Abendstunden verströmen. Sie eignen sich daher besonders gut, um einen Sitzplatz für romantische Somemrabende zu verzaubern. In der Nähe eines Fensters gepflanzt, können Sie sich auch im Haus an dem Duft erfreuen.

Beide Kletterpflanzen müssen an einer Rankvorrichtung gezogen werden; schön sind Rankgitter aus Holz, doch es reichen auch Spanndrähte. Die recht bruchempfindlichen Clematis-Triebe müssen Sie besonders sorgfältig daran befestigen.

■ Eine Gehölzkulisse schafft den passenden ruhigen Hintergrund, vor dem sich Rosen gut abheben.

■ Dream-Team: Rosen und Clematis sind die perfekten Pflanzpartner.

Stauden als Rosenpartner

Die Möglichkeiten zur Kombination von Rosen mit Stauden ist ein Thema mit tausend Variationen. Auf drei Punkte müssen Sie besonders achten, um eine gelungene, harmonisch wirkende Pflanzung zu erreichen:

- Die Abstimmung der Blütenfarben
- Ähnliche Blühzeiten
- Abwechslung in Wuchsform und -höhe.

Auf die unterschiedliche Wirkung der Farben wurde bereits eingegangen (siehe Seite 65 f.). Je nachdem, zu welcher Rosenfarbe Sie einen Partner suchen, sollten Sie zunächst die in Frage kommenden Stauden auf Grund der **Blütenfarben** eingrenzen. Zu weißen Rosen passen alle anderen Blütenfarben, zu roten Rosen am besten kräftiges Blau, Violett, aber auch Gelb, zu rosafarbenen Rosen zarte, pastellige Farben wie Rosa, Hellblau, sanftes Gelb oder Grau, zu gelben Rosen wirken ebenfalls gelbe Töne oder kräftige Kontraste (z.B. mit Rot) sehr gut. Weiß blühende Stauden lassen sich zu allen Rosenfarben ergänzen.

Dass die **Blühzeiten** übereinstimmen oder sich überschneiden sollen, liegt zwar auf der Hand, wird bei der Auswahl der Stauden aber oft vergessen. Klassische Kombinationen, wie (rote oder weiße) Rosen mit (blauem) Rittersporn, sind nicht zuletzt wegen der gleichzeitigen Blüte so schön.

Wohl am wenigsten wird bei der Kombination auf die **Wuchsform** und die **Höhenabstufung** geachtet, doch zeichnen sich gelungene Gestal-tungen gerade in dieser Beziehung durch eine feinfühlige Auswahl aus.

Gräser und Blattschmuckstauden

Obwohl auch die Gräser zu den Stauden zählen, fallen sie wegen ihres eigenen Charakters doch etwas aus dem Rahmen; man verwendet sie auch dementsprechend im Garten. Mit ihren zarten Halmen und Blütenständen in Braun-, Grau- und Blautönen werden Gräser vorwiegend als **unauffällige Begleitpflanzen** eingesetzt, um die kräftigen Farben der Rosenblüten zu unterstreichen und hervorzuheben. Außerdem sorgen sie durch ihren vertikalen Wuchs

■ Bewährt und immer wieder schön: Rittersporn und Rosen ('Dirigent') ergänzen sich in idealer Weise.

Stauden als Rosenpartner

Deutscher Name	Botanischer Name	Höhe	Blütezeit/Bemerkung
Frauenmantel	*Alchemilla mollis*	30–40 cm	6–7/gelb/großblättrig
Glockenblume	*Campanula persicifolia*	40–80 cm	6–7/violett oder weiß
Spornblume	*Centranthus ruber*	50–70 cm	6–9/karminrot oder weiß, grazil
Rittersporn	*Delphinium*-Hybriden	80–150 cm	6–9/blau
Kugeldistel	*Echinops ritro*	80–100 cm	7–9/stahlblau schimmernde Kugelblüten
Feinstrahlaster	*Erigeron*-Hybriden	50–80 cm	6–7/9/weiß, rosa oder violett
Storchschnabel	*Geranium*-Arten, z. B. *G. psilostemon*	40–120 cm	6–8/leuchtend rote Blüten
Schleierkraut	*Gypsophila*-Hybriden	50–80 cm	5–8/weiße Blütenschleier
Lichtnelke	*Lychnis coronaria*	50–70 cm	6–10/magenta oder weiß, duftig, kurzlebig
Katzenminze	*Nepeta × faassenii*	25–40 cm	5–9/violett
Sonnenhut	*Rudbeckia fulgida*	50–80 cm	7–9/gelb mit schwarzer Mitte
Sommer-Salbei	*Salvia nemorosa*	40–60 cm	6–9/kompakter Wuchs, violett
Mutterkraut	*Tanacetum parthenium*	20–50 cm	6–8/weiß, kamillenartig
Kerzen-Ehrenpreis	*Veronica longifolia*	50–100 cm	7–8/blauviolett oder weiß, kerzenartig

und ihre **grafische Wirkung** für einen schönen Kontrast zu den eher rundlichen Formen der Rosenstöcke und bringen damit Abwechslung und Spannung in die Pflanzung.

Blattschmuckpflanzen sollen dezent betonen, aber auch optische Übergänge zu den Nachbarpflanzen schaffen. Auch hier haben Sie die Auswahl aus einer breiten Palette an Pflanzen. Achten Sie darauf, mit den Stauden nicht zu nah an die Rosenstöcke heranzurücken und ihnen einen luftigen Fuß zu lassen.

■ Die duftige Gestalt der Gräser machen sie zu idealen Rosenbegleitern, die sich nie aufdrängen.

Sommerblumen und Rosen – lebendige Kombinationen

Die Palette der Sommerblumen, die sich problemlos mit Rosen kombinieren lässt, ist deutlich kleiner als die der Stauden. Auf Grund der oftmals sehr kräftigen Blütenfarben muss man bei der Auswahl der Pflanzpartner der Rosen besonders behutsam vorgehen.

Der große Vorteil von Sommerblumen ist ihre Schnelllebigkeit, denn mit ihnen lassen sich Lücken im Beet rasch füllen und weniger gelungene Gestaltungen im Folgejahr leicht korrigieren.

■ Salbei-Arten wie dieser Steppen-Salbei *(Salvia nemorosa)* sind wunderbare Begleiter zu Rosen, da sie zur gleichen Zeit und ähnlich lange blühen und mit ihren Blütenkerzen einen schönen Kontrast bilden.

Sommerblumen als Rosenpartner

Deutscher Name	Botanischer Name	Farbe	Höhe	Bemerkung
Ringelblume	*Calendula officinalis*	Gelb oder Orange	30–70 cm hoch	Sorgt für Bauerngartenflair
Kosmee	*Cosmos bipinnatus*	Karminrosa oder Weiß	50–120 cm hoch	Niedrige Sorte wählen!
Goldmohn	*Eschscholzia californica*	Goldgelb oder Orange	30–40 cm	Erhält sich durch Selbstaussaat
Duftsteinrich	*Lobularia maritima*	Weiß	10–20 cm hoch	Passt zu allen Rosenfarben
Jungfer im Grünen	*Nigella damascena*	Hellblau oder Weiß	30–50 cm hoch	Umspielt zart die Rosenfüße
Mehl-Salbei	*Salvia farinacea*	Blauviolett oder Weiß	50–70 cm hoch	Weißgraue Triebe
Schleier-Eisenkraut	*Verbena bonariensis*	Lila	100–120 cm hoch	Grazile Blütenschleier

■ Dass auch Sommerblumen gut zu Rosen passen, zeigt dieses Beispiel mit der Beetrose 'Lilli Marleen' und verschiedenen Ringelblumen-Sorten.

Rosen in Töpfen und Kübeln

Ein Trost für Rosenfreunde mit Platzmangel: Man kann Rosen auch in Töpfen, Kübeln, Kästen, ja sogar in Ampeln halten. Schon zu Zeiten der Römer, aber auch noch im 19. Jahrhundert, wurde diese Möglichkeit genutzt. Heute, da die Gartengrundstücke immer kleiner werden und sich die Zahl der Balkonbesitzer erhöht, aber auch bedingt durch das vermehrte Angebot an speziellen Sorten, werden Kübelrosen immer beliebter.

Die **Vorteile** der »mobilen Rosenkultur«:

- Auf der Terrasse, dem Balkon oder am Hauseingang lassen sich dadurch auch ohne Erdkontakt Rosen halten.

- Man kann die Rosen bei Bedarf leicht an eine andere Stelle rücken.

- Im Garten kann man einzelne Rosen, v. a. Stammrosen, durch die Haltung im Kübel besonders betonen. Das Gefäß unterstreicht ihre Wirkung, die darauf zuführende Blickachse (z. B. ein Weg) oder der umgebende Gartenbereich wird hervorgehoben.

Zwei Dinge sind jedoch beim Halten von Rosen in Gefäßen **besonders zu beachten:**

- **Rosen sind Tiefwurzler,** sie benötigen daher ein **relativ hohes und ausreichend großes Gefäß;** auf Grund der begrenzten Erdmenge ist außerdem auf ausreichende Düngung zu achten.

TIPP Verlangen Sie im Fachhandel einen speziellen Palmentopf. Diese Kübel sind im Vergleich zu normalen Töpfen höher (bei gleichem Durchmesser) und damit auch für Rosen sehr gut geeignet.

- In Gefäßen sind auch ansonsten frostharte Rosen der Frosteinwirkung stärker als im Gartenboden ausgesetzt; für sie ist daher ein **spezieller Winterschutz** nötig.

Auswahl der Gefäße

Die Mindestgröße für Kübel beträgt 30 cm Durchmesser und Höhe. Je größer und höher das Gefäß, desto besser. Unbedingt notwendig ist in jedem Fall ein Abzugsloch, denn Staunässe bringt die lufthungrigen Rosenwurzeln zum Absterben. Günstig sind Kübel aus **Ton** oder **Terrakotta** sowie aus glasierter **Keramik** oder **Steingut.** Sollen sie – wie üblich – auch im Winter draußen stehen bleiben, so müssen Sie auf frostsichere Ware achten. Je härter der Ton gebrannt wurde, desto höher ist die Frosthärte.

Bei Töpfen aus **Kunststoff** ist deren geringe Isolierwirkung zu bedenken. Gerade an sonnigen Stellen kann es bei ungeschützt aufgestellten Kunststoffkübeln zu Verbrennungen der Wurzeln kommen. Daher sollten Sie solche Gefäße vor direkter Sonne geschützt platzieren oder – noch besser – in einen passenden Übertopf stellen.

Pflanzung und Pflege

Das Einpflanzen von Kübelrosen erfolgt wie bei Gartenrosen beschrieben (siehe Seite 100 ff.). Auch hier müssen Sie darauf achten, dass die Veredlungsstelle mit Erde bedeckt ist; sie sollte knapp unterhalb des Topfrandes zu liegen kommen. Füllen Sie zuunterst eine **Dränageschicht** ein, z. B. aus Blähton oder feinem Kies. Wählen Sie als **Substrat** eine besonders strukturstabile Erde aus. Diese gewährleistet gute Voraussetzungen für die Wasser- und Nährstoffversorgung für mehrere Jahre, im Gegensatz zu Billigerden mit relativ hohen Anteilen an Ton, Lehm oder Rindenmulch bzw. Rindenhumus, die entweder verschlämmen oder bald in sich zusammensacken und das Wasser ungenutzt abfließen lassen.

Als Dünger sind Langzeitdünger zu empfehlen – als arbeitssparende Variante – oder aber Flüssigdünger. Hier ist besonders darauf zu achten, nach Anfang August keinen Dünger mehr zu geben bzw. Langzeitdünger entsprechend zu dosieren, da sonst das Holz der Triebe nicht genügend ausreifen und die Rose nicht ihre volle Frosthärte entwickeln kann.

■ Viele Beetrosen wie hier 'Bad Birnbach' eignen sich für die Kübelpflanzung besonders gut. Wichtig für die Langlebigkeit sind dabei vor allem regelmäßige Düngung und Rückschnitt.

Für Gefäße gut geeignete Sorten

Sorte	Blütenfarbe	Rosengruppe
'Amulett'[1]	Karminrosa	Zwergrosen
'Bad Birnbach'	Lachsrosa	Beetrose
'Ballerina'	Karminrosa	Bodendeckerrosen
'Bonica '82'	Rosa	Beetrosen
'Friesia'	Gelb	Beetrosen
'Graham Thomas'	Gelb	Englische Rosen
'Heideröslein Nozomi'	Zartrosa	Bodendeckerrosen
'Heidetraum'[2]	Karminrosa	Bodendeckerrosen
'Leonardo da Vinci'	Dunkelrosa	Strauchrosen
'Mirato'	Pink	Bodendeckerrosen
'Paul Cézanne'	Gelb mit Orange-Rosa	Beetrose
'Pepita'	Pink	Zwergrosen
'Red Yesterday'	Karminrot mit Weiß	Bodendeckerrosen
'Romanze'	Dunkelrosa	Strauchrosen
'Rose de Resht'	Purpurrot	Alte Rosen
'Schneeflocke'	Weiß	Bodendeckerrosen
'Sommerwind'	Rosa	Bodendeckerrosen
'Sonnenkind'	Gelb	Zwergrose
'Souvenir de la Malmaison'	Rosa	Alte Rosen
'The Fairy'[2]	Zartrosa	Bodendeckerrosen
'Vogelpark Walsrode'	Zartrosa	Strauchrosen

[1] besonders für Balkonkästen geeignet
[2] auch für Ampeln geeignet

Winterschutz für Kübelrosen

Für Gefäße aller Art bieten sich beim Frost-
schutz verschiedene Möglichkeiten an:

- das Gefäß mit Noppenfolie umwickeln
- es in ein größeres Gefäß stellen und den
  Zwischenraum mit trockenem Laub füllen
- dieses mit Kokosfasermatten umhüllen.

TIPP Neben den in der Tabelle
genannten Sorten sind ins-
besondere auch Stammrosen und Kaskaden-
(Trauer)rosen gut für die Kübelkultur geeignet.
Bei diesen ist ein guter Winterschutz besonders wichtig.

Zusätzlich empfiehlt es sich, zum Schutz des Wurzelballens und der Veredlungsstelle die oberirdischen Teile mit Sackleinen oder Reisig abzudecken – ähnlich wie bei den Stammrosen beschrieben (siehe Seite 116 f.). In jedem Fall sollten Sie das Gefäß nicht direkt auf den Boden, sondern etwas erhöht aufstellen – bereits diese dünne Luftschicht bedeutet eine gewisse Isolierung. Außerdem sollten Sie es natürlich an einen geschützten Ort bringen, wo es möglichst keinen kalten Winden ausgesetzt ist. Schweren, feuchten Schnee müssen Sie abschütteln, sonst besteht bei größeren Kübelrosen Bruchgefahr für die Triebe.

Übrigens: Vergessen Sie nicht, Ihre Kübelrosen an frostfreien Tagen auch im Winter ab und zu zu gießen – sie dürfen nicht völlig austrocknen. Jedoch keinesfalls feucht halten, sonst erfrieren die Wurzeln!

■ Der beste Winterschutz für Kübelrosen ist das Verpacken in Fichten- oder Tannenzweigen. Auch niedrige Stammrosen lassen sich so überwintern.

■ Zum Schutz vor Frost wird der Kübel auf Steine oder Hölzer gestellt, mit Noppenfolie umwickelt und mit Zweigen abgedeckt.

Rosen als Vasenschmuck

Ein Blumenstrauß ohne Rosen? Fast undenkbar. Rosen zählen noch immer zu den Schnittblumen allerersten Ranges. Neben den bekannten langstieligen Edelrosen sind seit einiger Zeit auch besonders großblütige Formen im Handel, die außerdem mit ausgefallenen Farben aufwarten können. Diese Sorten werden im Ausland, unter tropischen bis subtropischen Bedingungen, produziert – nur unter den dortigen intensiven Lichtverhältnissen werden solche Blütengrößen erreicht – und zu uns transportiert.

Übrigens: Hagebuttentragende Blütentriebe geben ebenfalls einen herrlichen Vasenschmuck ab. Kombinieren Sie sie mit Herbstlaub, Gräsern und herbstlichen Beeren, z. B. von Ebereschen, Schneeball oder Liguster, und Sie haben einen wunderbaren Strauß, der sich sogar gut trocknen lässt.

Schnittrosen für die Vase

Damit Sie möglichst lange Freude an Ihren Schnittrosen in der Vase haben, sollten Sie die folgende Hinweise beachten:

- **Wann schneiden?** Am besten früh am Morgen, oder aber spät am Abend.

- **In welchem Zustand schneiden?** Grundsätzlich sollen die Blütenknospen bereits leicht geöffnet sein (bei büschelblütigen Rosen gilt dies für die Mehrzahl der Blüten). Sie können dies auch an der beginnenden Färbung der Blütenblätter sowie daran erkennen, dass sich die Kelchblätter abzuspreizen beginnen.

- Die Stielenden in ein feuchtes Tuch wickeln.

- Die unteren Blätter entfernen, damit sie nicht im Wasser stehen (Fäulnisgefahr!).

- Handwarmes Wasser sowie evtl. ein Frischhaltemittel oder einen Schuss Essig in die Vase geben.

- Die Stiele erst unmittelbar vor dem Einstellen ins Wasser nochmals lang und sehr schräg anschneiden.

So halten Schnittrosen länger

Versuchen Sie einmal folgenden Trick, der sich bei verholzten Schnittblumen bewährt: Die abgeschnittenen Stiele für einige Sekunden in kochendes Wasser halten. Dadurch entweichen sperrende Luftlöcher aus dem Stängel, so dass die Blüten später in der Vase besser mit Wasser versorgt werden können.

Rosen als Trockenschmuck

Auch getrocknet lassen sich Rosen sehr vielseitig als Schmuck verwenden. Man kann ganz einfach ganze Rosensträuße an einem luftigen, schattigen Ort kopfüber aufhängen und sie langsam trocknen lassen; so behalten die Rosenblüten weitgehend ihre Form, sie bleichen allerdings mit der Zeit etwas aus. Anschließend lassen sie sich in einer Vase aufstellen oder als dekorativer Wandschmuck verwenden.

Trocknen mit Salz

Eine weitere Möglichkeit ist das **Salztrocknen** von Rosenblüten, durch das die Blüten in fast natürlicher Form und vor allem Farbe erhalten bleiben. (Dies funktioniert übrigens auch mit anderen Blüten, z. B. Stiefmütterchen oder Orchideen.) Dazu verteilt man die abgeschnittenen, möglichst einwandfreien Blüten in einer verschließbaren Blechdose, auf deren Boden man zuvor ein wasserziehendes Trockensalz gestreut hat (z. B. Silikatgranulat, in Floristikläden oder Bastelgeschäften erhältlich). Danach überstreut man die Blüten vorsichtig nach und nach mit weiterem Salz, bis sie ganz bedeckt sind, und lässt sie mit geschlossenem Deckel etwa zwei Wochen trocknen. Nachdem man das Salz abgeschüttelt hat, lassen sich die Blüten für Dekorationszwecke nutzen.

Ein Duftpotpourri

Ein Potpourri mit Rosenblüten duftet wunderbar und lässt sich in einer schönen Schale in der Wohnung aufstellen. Schneiden Sie dazu gerade aufgeblühte Duftrosenblüten, und lassen Sie sie langsam an einem kühlen, schattigen Platz trocknen. Kombinieren Sie ganz nach Ihrem Geschmack, z. B. verschiedene Blütenfarben oder auch solche in ähnlichen Farbtönen. Schön machen sich außerdem unterschiedliche Blütenformen. Schließlich können Sie die Zusammenstellung mit duftenden Kräutern wie Lavendel, Zitronenthymian (*Thymus × citriodorus*), Heiligenkraut (*Santolina*) und anderen ergänzen. Sie werden ebenfalls frisch geschnitten und dann im Schatten getrocknet.

Anschließend füllen Sie das Ganze in einen verschließbaren Behälter (am besten aus Glas), geben noch trockene Gewürze wie Zimtstangen und Nelken dazu sowie einige Tropfen Rosenöl, und lassen die Mischung einige Wochen ziehen. Ein solches Potpourri duftet mehrere Monate lang.

■ Getrocknete Blütenblätter der Rose ergeben ein wunderbar duftendes Potpourri.

Rosen in der Küche

Rosen sind nicht nur ein Genuss für Auge und Nase, sondern auch für den Gaumen. Dies war bereits den Römern bekannt, die Rosen in riesigen Mengen bei ihren Festen und Trinkgelagen verbrauchten (siehe Seite 8). Sie tranken Rosenwein, aßen Rosenhonig und Rosenpudding und verwendeten Rosenöl zur Körperpflege.

Nachdem **essbare Blüten** in der modernen Küche mehr und mehr verwendet werden, wird auch die kulinarische Verwendung von Rosenblüten wieder entdeckt. Die Palette reicht dabei von vorwiegend dekorativen Ideen wie den Roseneiswürfeln über Getränke bis hin zu Gebäck (Rosentorte, gebackene Rosenblätter) und Desserts (Rosencreme, kandierte Rosenblüten). Verwendet werden dazu jeweils Rosen mit ausgeprägtem Duft, der sich auch in entsprechendem Geschmack niederschlägt.

Eine längere, bis auf die Steinzeit zurückgehende Tradition hat die Verwertung der **Hagebutten**, die aufgrund des Reichtums an Vitaminen – vor allem **Vitamin C** –, aber auch an Mineralstoffen und bioaktiven Substanzen (Carotine, Flavonoide) fester Bestandteil der Nahrung und Hausmedizin sind. Der Vitamin-C-Gehalt ist enorm hoch, 300 bis über 1 000 mg pro 100 g Frischsubstanz. Damit liegt er weit höher als etwa bei Zitrusfrüchten wie Orangen oder Zitronen (nur 50 mg pro 100 g Frischsubstanz). Allerdings sind nur die Früchte bestimmter Wildrosen – darunter auch unserer heimischen – so inhaltsreich, die der gezüchteten Gartenrosen enthalten dagegen kaum Vitamin C.

Auf einen Blick

- Pflanzen Sie Ihre Rosen nicht isoliert und nur für sich auf eigene Beete, sondern verwenden Sie sie besser einzeln und in Kombination mit passenden, nicht in der Blüte konkurrierenden Begleitern wie Gräsern, Kräutern oder Stauden.
- Ein neutraler Hintergrund, z. B. aus immergrünen Gehölzen, bringt die Rosen besser zur Geltung.
- Achten Sie bei Kombinationen mit anderen blühenden Pflanzen auf eine ausgewogene Farbzusammenstellung.
- Ton-in-Ton-Kombinationen wirken immer angenehm harmonisch, durch Farbkontraste erzeugen Sie Spannung.
- Lieber weniger Sorten in Gruppen anordnen als eine bunte Mischung ohne Schwerpunkt.

TIPP Verwenden Sie in der Küche nur Blüten von gesunden, ungespritzten Rosen. Frisch aufgeblüht, sind sie am aromatischsten. Um Hagebutten zu verwerten, müssen Sie unbedingt die zahlreichen kleinen Härchen im Inneren entfernen (leider etwas mühsam), denn sie können Reizungen hervorrufen!

Bewährte Rosenrezepte

Rosenbowle

Die gesäuberten Blütenblätter von 8–10 duftenden, gefüllten Rosen am Grund mit der
Schere abschneiden und in ein großes Glas-
gefäß geben, mit 100 g Zucker, ½ Flasche
trockenem Weißwein oder Rosé und (nach
Geschmack) 1 Gläschen Cognac oder Likör
(z. B. Cointreau) übergießen. Zugedeckt etwa
2 Stunden ziehen lassen. Anschließend durch-
seihen, kühl stellen und kurz vor dem Servieren
mit 1 ½ weiteren Flaschen des Weins sowie
1 Flasche Sekt auffüllen. Als Garnierung einige
frische Rosenblätter einstreuen.

TIPP: Überraschen Sie Ihre Gäste auf Sommer-
festen mit dieser blumigen Besonderheit.

Roseneiswürfel

Einzelne gesäuberte Blüten von kleinblütigen,
ungefüllten Rosen (z. B. 'Maria Lisa', 'Ballerina')
in die mit Wasser gefüllten Eiswürfelbehälter
legen, unter Wasser drücken und einfrieren.

Statt der Rosenblüten kann man auch abge-
zupfte, saubere Rosenblätter verwenden oder,
besonders originell, sogar die kleinen Hagebutten von Rambler- oder manchen Wildrosen.
Servieren Sie die selbst gemachten Roseneis-
würfel bei Ihrem Sommerfest zu Bowle oder
Sektgetränken.

■ Oben: Ungewöhnliche Erfrischung: eine Rosen-
bowle für ein Gartenfest.
■ Unten: In Eiswürfeln gefrorene Rosenblüten
sind der Clou für jede Sommerparty.

TIPP: Eine hübsche Dekorationsidee für Feste.

Rosenessig

Die frisch gesammelten, sauberen Blütenblätter von 4–5 duftenden Rosenblüten mit 250 ml Weißweinessig kurz aufkochen. Von der Herdplatte nehmen, etwas abkühlen lassen und 1 Esslöffel milden Honig (z. B. Akazienhonig) unterrühren. In eine Karaffe umfüllen und 14 Tage ziehen lassen. Anschließend durch ein Sieb in eine saubere Flasche zum Aufbewahren umfüllen.

TIPP: Ein mild aromatischer Essig, der besonders gut zu feinen Salaten passt und diesen eine blumig-würzige Note verleiht.

Hagebutten-Konfitüre

500 g Hagebutten (verlesen, entstielt, gewaschen, halbiert, die Kerne und Härchen entfernt) in wenig Wasser zugedeckt zum Kochen bringen, etwa 10 Minuten kochen lassen und dann mit einem Kochlöffel durch ein Sieb streichen (dies ergibt das **Hagebuttenmark**). Nach dem Abkühlen 1–2 Gewürznelken, etwas abgeriebene Zitronenschale, Geliermittel, 400 g Zucker, 1 Messerspitze Zimt und 1 Esslöffel Zitronensaft unterrühren, die ganze Mischung in einem Topf zum Kochen bringen und unter ständigem Rühren etwa 1 Minute lang je nach Geliermittel sprudelnd kochen lassen.

Anschließend randvoll in die vorbereiteten Gläser (sauber, mit heißem Wasser ausgespült, auf feuchtem Tuch stehend) füllen, sofort verschließen und 5 Minuten umgedreht auf dem Deckel stehend abkühlen lassen.
Nun beschriften und dunkel aufbewahren.

■ Oben: In Rosenessig lässt sich das besondere Rosenaroma konservieren.
■ Unten: Selbst gemachte Hagebutten-Konfitüre ist besonders reich an Vitamin C.

Rosenpflege
leicht gemacht

Augen auf beim Rosenkauf

Rosen kann man mittlerweile überall dort kaufen, wo es Pflanzen gibt. Hat man sich schon vorher in entsprechenden Büchern, Zeitschriften und Katalogen informiert und kennt also die gewünschten Sorten, kann man die Rosen direkt bei einem der großen Rosenzüchter bestellen (Adressen siehe Seite 124). Die Rosen werden dann per Post gut verpackt zur vereinbarten Pflanzzeit geliefert.

Kaufen kann man Rosen außerdem bei einer örtlichen (Rosen-)Baumschule, einer Gärtnerei oder in einem Gartencenter bzw. Baumarkt mit Gartenabteilung. Fachbetriebe haben dabei den Vorteil, dass sie die lokalen Klimaverhältnisse kennen und dafür entsprechende Beratung leisten. Oftmals haben größere Baumschulen oder Gärtnereien auch sehr schöne Beispielpflanzungen angelegt, die gute Hinweise für die Rosenverwendung und Kombination geben und von denen Sie sich Anregungen holen können.

Vom Kauf von Billigangeboten im Supermarkt ist tendenziell abzuraten, denn häufig ist die Sortenbezeichnung falsch, die Qualität mangelhaft und ein Ersatz nicht möglich.

Güteklassen

Die Rosen-Baumschulen unterscheiden zwischen verschiedenen Güteklassen:

- **Güteklasse A** (Pflanzen mit mindestens drei Trieben; Vorteil: schnelleres und sichereres Anwachsen)

- **Güteklasse B** (Pflanzen mit mindestens zwei Trieben; Vorteil: günstiger Preis)

Meist erhält man heute Güteklasse A.

TIPP: Zur Hauptpflanzzeit – Oktober/November und März/April – kann es bei den Züchtern allerdings zu Lieferengpässen kommen. Daher unbedingt rechtzeitig bestellen und eventuell Ersatzsorten angeben.

Eine Besonderheit sind die Rosenangebote bei den immer beliebter werdenden Gartenmärkten und -festivals. Dort können Sie oft gute Rosenqualität ausgesuchter Anbieter finden und haben zugleich die Möglichkeit individueller Beratung.

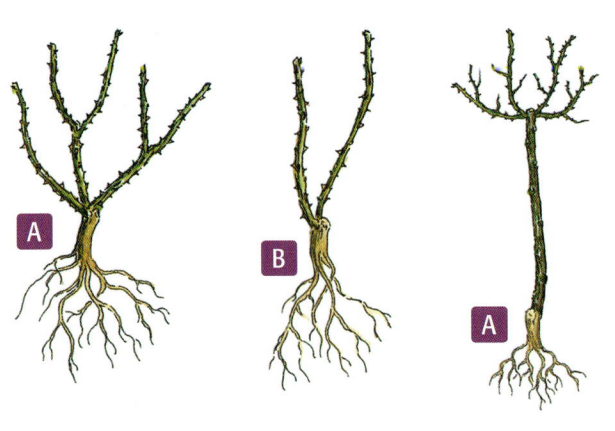

■ Links: Güteklasse A und B bei Beetrosen, rechts Güteklasse A bei Stammrosen.

Verkaufsformen von Rosen

Man erhält Rosen in verschiedenen Verkaufs-
formen:

- **im Container,** also im Kunststofftopf (Vorteil:
  Pflanzung jederzeit möglich; auf gute Durch-
  wurzelung des Ballens achten!)

- **verpackt im Kunststoffbeutel** (die Wurzeln
  sind dabei in Erde oder feuchtes Moos ein-
  geschlagen)

- eingetopft **im pflanzfertigen Karton** (wird
  mitgepflanzt, verrottet später)

- **wurzelnackt** (am preisgünstigsten – die
  Wurzeln bis zum Pflanzen unbedingt vor Austrocknung schützen!).

Manchmal sind bei verpackten Rosen die
Triebe mit einem **Schutzwachs** überzogen.

TIPP Achten Sie beim Kauf auf
Rosen mit dem **ADR-
Prädikat**. Dabei handelt es sich um
besonders robuste und gegen Krankheiten
widerstandsfähige Sorten, die in strengen
Prüfverfahren ausgewählt wurden und inzwi-
schen in großer Auswahl im Handel angeboten werden. Mehr dazu auf Seite 117.

Dies verringert die Verdunstung und damit die
Austrocknungsgefahr. Bei der Pflanzung sollten
Sie das Wachs belassen oder nur vorsichtig
entfernen.

Noch ein Hinweis: Wenn es sich nicht um Containerrosen oder solche in pflanzfertigen, ver-
rottbaren Verpackungen handelt, sollte man
keine vorzeitig ausgetriebenen Rosen kaufen.
Diese wurden meist zu warm gelagert, haben
beim Treiben wertvolle Nährstoffe verbraucht
und wachsen häufig schlecht an.

■ Rosen gibt es auch in Kartonverpackungen die
nach dem Einpflanzen verotten.

■ Rosen in Containern werden immer häufiger
angeboten; man kann sie fast ganzjährig pflanzen.

Der richtige Standort

Rosen sind Sonnenanbeter. Sie kommen natürlicherweise in lichten Gebüschgruppen und an sonnigen Waldrändern, auf Wiesen und an felsigen Hängen vor.

Die Lichtverhältnisse

Aus den Bedingungen am Naturstandort ergeben sich auch schon die gewünschten Lichtverhältnisse im Garten: Rosen lieben einen sonnigen bis halbschattigen Platz. Je schattiger der Standort, desto länger werden die Triebstücke zwischen den Blattansätzen und desto geringer ist der Blütenansatz – doch wer kommt schon auf die Idee, eine Rose in den Schatten zu pflanzen? Schließlich möchte man sie genießen,

■ Sonnige Gebüsche und Waldränder sind typische Naturstandorte vieler Wildrosen, hier von *Rosa canina*.

sich an ihrem Anblick und Duft im Spiel des Lichtes und des Windes erfreuen.

Ein Platz in der prallen Sonne, mit Luft- und Hitzestau, etwa vor einer nach Süden gerichteten Wand, ist jedoch ebenso ungeeignet, denn dort muss man mit Spinnmilbenbefall rechnen (siehe Seite 122).

Welcher Boden sollte es sein?

Rosen lieben einen **offenen Boden**, d. h. er soll im Bereich rund um den Wurzelstock frei von anderen Pflanzen (auch von Rasengräsern!) sein, die um Wasser und Nährstoffe konkurrieren würden.

Außerdem sind Rosen **Tiefwurzler**. Sie besitzen zwar keine Pfahlwurzel, weshalb man auch ältere Rosen noch verpflanzen kann (siehe dazu Seite 104). Sie haben jedoch durchaus ein bis in 1 m Tiefe und mehr hinabreichendes Wurzelsystem. Dies erklärt auch, warum Rosen oft ein oder zwei Jahre brauchen, um einigermaßen zu blühen, danach jedoch von Jahr zu Jahr immer üppiger Blüten ansetzen – gute Pflege vorausgesetzt. Zunächst muss sich nämlich das Wurzelsystem den Standort »erobern« und Fuß fassen können, ehe es seine Kraft auch in die oberirdischen Teile schickt.

Verdichteter Boden?

Damit sich die Rosenwurzeln in die Tiefe ausbreiten können, müssen vor dem Pflanzen evtl.

im Boden vorhandene Stau- oder Sperrschichten – dies können z. B. sehr tonige oder gesteinsreiche Lagen sein – beseitigt bzw. durchstoßen werden. Auf **Stauschichten** im Boden müssen Sie besonders in Neubaugebieten achten – dort wird im Untergrund oft Bauschutt verfüllt, außerdem ist der Boden durch das Befahren mit schweren Baufahrzeugen meist verdichtet. Um die Sperrschichten zu beseitigen, müssen Sie einfach den Grund des Pflanzloches mit Spaten und Grabgabel lockern, und zwar umso gründlicher, je stärker der Boden verdichtet ist.

Bodenverbesserung

Es heißt, Rosen bevorzugten eine lehmige Erde. Dies gilt jedoch nur mit der Einschränkung, dass der Boden guten Wasserabzug aufweist. Ein schwerer, verdichteter, immer etwas feuchter Boden ist Gift für die lufthungrigen Rosenwurzeln. Wildrosen wachsen in der Natur häufig auf steinigem Untergrund, wo das Wasser stets gut ablaufen kann. Ist dies in Ihrem Garten nicht der Fall, sollten Sie durch Bodenlockerung und entsprechende Bodenverbesserung nachhelfen.

Zu schwerer Boden wird vor der Pflanzung durch das Einarbeiten von Sand, Kompost, Perlite (luftreiches Material vulkanischen Ursprungs) o. Ä. gelockert. Bei Bedarf kann auch das Einbringen einer Kiesschicht zur Förderung der Dränage (des Wasserabzugs) sinnvoll sein.

Umgekehrt sollte ein **zu leichter Boden**, der also einen zu hohen Sandanteil aufweist, durch Zugabe von Lehm, Kompost oder Bentonit (eine Art Lehmpulver) bindiger gemacht wer-

TIPP Statt den Boden mühsam mit der Hand zu lockern, können Sie auch eine Gründüngung aussäen, z.B. Gelbsenf, Ölrettich o.Ä. (fertige Mischungen gibt es im Handel). Sie bilden ein rasch wachsendes, tief reichendes Wurzelsystem, lockern damit den Boden und sorgen für eine gute Struktur. Man sät die Gründüngung im Frühjahr aus und arbeitet sie vor der Herbstpflanzung ein.

den, sodass er Nährstoffe und Wasser besser speichern kann.

Fazit: Weder ein zu stark lehmiger bzw. gar toniger noch ein zu sandiger Boden ist für Rosen ideal, sondern eine sandig-lehmige Erde, also eine »gesunde Mischung«.

■ Das Einarbeiten von Kompost verbessert den Boden und schafft gute Startbedingungen für die Rose.

Rosen einpflanzen

Das Geheimnis üppiger blühender Rosen besteht darin, dass man bei der Pflanzung einige Dinge beherzigt.

Wann und wie kann man Rosen pflanzen?

Rosen können **im Herbst oder im Frühjahr** gepflanzt werden. Am günstigsten sind die Monate Oktober und November sowie März und April. Man kann auch noch im Dezember pflanzen, sofern der Boden nicht gefroren ist. Containerrosen lassen sich dagegen praktisch ganzjährig, außer bei Frost, setzen.

■ Von einer Pflanzung absehen sollten Sie nach anhaltenden Regenfällen, wenn der Boden nass und schwer ist.

■ Die jungen Rosenwurzeln sind bei der Pflanzung ausgesprochen empfindlich gegen Austrocknung, vor allem bei wurzelnackten Rosen. Vor dem Pflanzen sollte man sie daher einige Stunden in einen Wassereimer legen (bis über die Veredlungsstelle) und nie länger ungeschützt offen liegen lassen. Sind die Wurzeln ganz eingetrocknet, können Sie durch scharfen Rückschnitt noch versuchen, ob das Anwachsen gelingt.

■ Sind Ihre Rosen bei einer Postlieferung gefroren angekommen, so müssen Sie sie unbedingt zunächst vorsichtig und langsam auftauen lassen.

■ Kann man bis einige Tage nach dem Kauf oder der Lieferung nicht pflanzen, so hält man die Rosen einstweilen in einem Erdeinschlag frisch (Rosen in einen schräg ausgehobenen Graben stellen, mit Erde anhäufeln und festdrücken).

Pflanzvorbereitung

Die Pflanzung von Rosen erfolgt ähnlich wie die von Ziergehölzen. Man geht schrittweise vor. Nachdem die Pflanzstelle ausgewählt wurde, sollten Sie zunächst an die Bodenverbesserung denken. Bei älteren, gepflegten Gärten erübrigt sich diese Maßnahme meist, sofern der Boden regelmäßig mit Kompost versorgt und gelockert wurde. Bei einer Pflanzung in neu angelegten Gärten ist der Boden jedoch häufig verdichtet oder bereits nach wenigen Zentimetern mit Bauschutt durchsetzt. Hier bedarf es einer guten Bodenvorbereitung.

Bodenvorbereitung

Heben Sie dazu das Pflanzloch ausreichend groß aus – etwa 30–40 cm im Quadrat – und mindestens ebenso tief. Die Tiefe hängt davon ab, wie gut der Boden ist. Bei einem guten Gartenboden reichen 30–40 cm; vermuten Sie jedoch eine Stauschicht, eine feste Gesteinslage oder Bauschutt im Boden (siehe Seite 98), so müssen Sie unbedingt tiefer graben und diese Schicht lockern bzw. durchstoßen, damit der Weg für die Wurzeln nach unten frei ist.

Wenn vorher an der gleichen Stelle Rosen standen, müssen Sie ebenfalls tiefer, bis etwa 50–70 cm, ausheben und anschließend den Boden austauschen, um der Gefahr von Bodenmüdigkeit vorzubeugen (siehe Seite 120).

Zur **Bodenverbesserung** empfiehlt es sich, neben den eben beschriebenen (siehe Seite 98 f.), auf die Bodenart abgestimmten Verbesserungsmitteln den Aushub des Pflanzloches zu etwa einem Drittel mit gut abgelagertem, reifem Kompost anzureichern. Verwenden Sie dazu jedoch niemals frischen oder halbzersetzten Kompost, denn dieser kann in tieferen Bodenschichten Fäulnis verursachen.

Pflanzschnitt

Vor dem Einpflanzen schneidet man faulige oder beschädigte Wurzeln ab und kürzt die restlichen etwas ein, um eine Verzweigung anzuregen. Dadurch erleichtert man das Anwachsen. Auch die Triebe kann man etwas einkürzen. Bei einer Frühjahrspflanzung kann man dies auch gleich mit einem Rückschnitt verbinden.

Pflanztiefe und Veredlungsstelle

Bei der Pflanztiefe ist die Lage der Veredlungsstelle entscheidend. Worum handelt es sich bei der Veredlungsstelle? Sieht man von den Wildrosen ab, so handelt es sich bei praktisch allen Gartenrosen um veredelte Pflanzen – ähnlich wie bei den meisten unserer Obstbäume. Für die Veredlung werden in den Rosenbaumschulen bestimmte Wildrosenformen aus Samen angezogen; sobald der Haupttrieb eine gewisse Stärke erreicht hat,

TIPP Bei der Vorbereitung des Pflanzloches sollten Sie unbedingt auch gleich evtl. vorhandene Unkräuter wie Giersch, Ackerwinde o. Ä. vollständig entfernen. Wachsen diese in die bereits gepflanzten Rosenstöcken durch, lassen sie sich später kaum wieder beseitigen.

wird seine Rinde knapp über dem Boden eingeschnitten und ein Triebstück mit einem Auge (= einer Triebknospe) einer bereits veredelten Rose eingesetzt (einveredelt). Diesen ganzen Vorgang nennt man **Okulation**.

■ **Beim Einpflanzen muss die Veredlungsstelle genügend tief gesetzt werden – etwa drei Finger tief ist bei den meisten Böden ausreichend.**

Bis zum folgenden Frühjahr ist das eingesetzte Triebstück (= Edelreis) mit dem Stamm verwachsen, und das Auge treibt an der Veredlungsstelle aus. Die gesamte restliche Krone der Wildrose wird nun über diesem Edeltrieb abgeschnitten.

Während des Sommers wächst die jetzt veredelte Rose heran und ist im Herbst bereit für den Verkauf. Sie besteht nun also aus zwei Teilen: dem Wurzelbereich der Wildrose und dem oberirdischen Teil der Edelsorte. Der empfindlichste Punkt, gewissermaßen das Herzstück unserer Rose, ist die Verbindungsstelle zwischen beiden, die **Veredlungsstelle.** An der gekauften Rose erkennen wir sie als knubbelige Verdickung am Wurzelhals, der länglichen Verbindung zwischen Wurzelansatz und der ersten Triebverzweigung.

Der Vorteil der Veredlung: Unsere Gartenrose ist dadurch eine Kombination aus der Robustheit und Wuchskraft der Wildrose und der Anmut und Farbenpracht der Edelsorte aus Züchterhand.

Bei der Pflanzung wird die Rose so tief gesetzt, dass die Veredlungsstelle vor Austrocknung und Frost gut geschützt im Boden liegt. Man setzt sie daher etwa 3–5 cm oder drei Finger breit unter die Erdoberfläche.

Rosen pflanzen Schritt für Schritt

Nach der Bodenvorbereitung und gegebenenfalls dem Wurzelschnitt (Pflanzschnitt) pflanzen Sie wie folgt:

- Die Rose in das ausgehobene Pflanzloch so hineinhalten, dass die Veredlungsstelle etwa 5 cm unter der Oberfläche liegt, und nun prüfen, ob das Loch groß genug ist. Die Hauptwurzeln müssen dabei gut hineinpassen, ohne geknickt zu werden. Überlange Wurzeln können Sie bei Bedarf kürzen.

- Erde einfüllen und dabei mehrmals rütteln, damit die Hohlräume gefüllt werden.

- Die Erde mit den Händen oder dem Fuß behutsam andrücken.

- Mehrmals angießen. Am besten lässt man langsam Wasser aus dem Wasserschlauch einlaufen. Dabei hilft ein leichter Gießrand rund um die Rose, damit das Wasser nicht gleich abfließt.

- Anschließend die Rose etwa 15 cm hoch anhäufeln.

- Nach dem Austrieb wieder abhäufeln und evtl. einen Rückschnitt durchführen (siehe Seite 106 ff.).

Rosen im Kübel pflanzen

Für Kübelrosen sollten Sie aufgrund des begrenzten Wurzelraumes ein entsprechend großes und hohes Gefäß wählen. 40–50 cm Durchmesser und Höhe gelten als gute Größe – je mehr, desto besser. Füllen Sie zunächst eine Dränageschicht aus Kies o. Ä. ein, und verwenden Sie als Substrat eine gute, strukturstabile Erde, z. B. Einheitserde T oder TKS-Substrat, um häufigeres Umtopfen zu vermeiden.

Stammrosen pflanzen

Hier schlägt man vor der Pflanzung einen **Pfahl**
in den Boden, der bis in die Krone hinein-
reichen soll. Achten Sie darauf, dass er kesseldruckimprägniert und damit verrottungsfest
oder mit einem pflanzenverträglichen Mittel im-
prägniert ist. In etwa 10 cm Abstand daneben
wird die Rose eingesetzt. Nach dem Einpflanzen binden Sie sie an mehreren Stellen mit einem nicht scheuernden Material – ideal ist ein
Kokosstrick – am Pfahl fest.

Kletterrosen pflanzen

Kletterrosen und Rambler pflanzt man nicht gerade, sondern schräg ein, zugewandt zum Rankgerüst und mit etwa 20 cm Abstand dazu. Sobald die Triebe lang genug sind, binden Sie sie
an der Kletterhilfe fest. Rambler halten sich mit
ihren langen Trieben bald alleine fest.

Rosen umpflanzen

Auch ältere Rosenstöcke können Sie noch an
eine andere Stelle umsetzen – sei es im eigenen Garten, sei es in ein anderes Grundstück.
Am besten geschieht dies **im Spätherbst.** Bei
sommerlichen Temperaturen würden die Rosen
nicht ausreichend mit Wasser versorgt werden,
da ja ein Teil der Wurzeln fehlt, weswegen auch
die Triebe auf etwa 30 cm zurückgeschnitten
werden sollen.Schneiden Sie zuerst die Triebe
etwas zurück. Dann stechen Sie mit dem Spaten zunächst rund um die Rose einen Kreis aus
und versuchen anschließend, durch schräge
Spatenstiche einen Ballen zu formen. Hebeln
Sie nun den Ballen mit einem Spaten und/oder
einer Grabgabel aus dem Boden und transpor-
tieren Sie ihn mit Hilfe einer Kunststofffolie zur
neuen Pflanzstelle.

So pflanzen Sie eine Containerrose:

1 Vor dem Einpflanzen wird die Rose zunächst 1–2 Stunden gewässert.

2 Das Pflanzloch muss so tief sein, dass die Rose knapp 5 cm tiefer sitzt als zuvor im Topf.

3 Mit Erde anfüllen, gut festdrücken und leicht antreten. Dann gründlich angießen.

Rosen richtig pflegen

Gießen

Gut eingewachsene Rosen haben ein tief reichendes Wurzelsystem und müssen nur in längeren Trockenzeiten gewässert werden. Dies ist vor allem im Frühjahr wichtig. Im 1. Jahr sollten Sie jedoch häufiger wässern, um das Anwachsen zu fördern. Gießen Sie am besten

- lieber seltener und durchdringend als oft und spärlich
- morgens, nur notfalls abends
- nicht über die Blätter, sonst fördern Sie Pilzbefall.

■ Rosendünger in der angegebenen Dosierung aufstreuen und gut einwässern.

Düngen

Unterschätzen Sie den Nährstoffbedarf von Rosen nicht! Für anhaltenden Blütenreichtum und den jährlich neuen Zuwachs reicht die Versorgung aus dem Boden auf Dauer nicht aus. Wie lange der Bedarf daraus gedeckt werden kann, ist je nach Boden sehr unterschiedlich und lässt sich nur durch eine **Bodenuntersuchung** klären (siehe Seite 124).

Im 1. Jahr sollten Sie frisch gepflanzte Rosen generell nicht düngen, damit sich die Wurzeln gut an den Standort anpassen können. Erst ab dem 2. Jahr beginnen Sie mit dem Düngen. Im Handel finden Sie dazu ein breites Angebot:

- **Mineralische Dünger** sind wasserlöslich und schnell wirksam. Diese sollten Sie nur zum raschen Ausgleich eines Mangels verwenden. Eine Ausnahme bilden **Langzeit-** bzw. **Depotdünger,** die sich auch gut zur dauerhaften Nährstoffversorgung eignen.

- **Organische Dünger** wie die **Kuhdung-Pellets** wirken langsamer, aber gleichmäßiger. Auch sie lassen sich gut für die laufende Versorgung verwenden. Auch **Kompost** kann zu den organischen Düngern gezählt werden.

Um die **Grundversorgung** zu sichern, geben Sie **im Frühjahr** beim Austrieb einen organischen oder Langzeitdünger. Eine **zweite Düngung** sollten Sie **gleich nach der ersten Blüte** geben, um die Nachblüte zu fördern. Hierzu

eignet sich auch gut ein mineralischer Voll-
dünger. Bei einmalblühenden Rosen reicht
die Frühjahrsdüngung meist aus.

Wichtig: Halten Sie sich bei der Dosierung
unbedingt an die Herstellerangaben. Mit einer
ausreichenden Düngung sichern Sie Blütenreichtum und Gesundheit Ihrer Rosen, mit einer
Überdüngung erreichen Sie das Gegenteil –
anfällige, langtriebige, blühfaule Rosen.

Bodenpflege

Da Rosen einen offenen Boden lieben, sollten
Sie die Erde rund um die Rosen immer wieder
lockern. Verwenden Sie dazu am besten einen
Sauzahn oder einen Kultivator, mit dem Sie
den Boden einfach einige Male durchziehen.
Dies wirkt sich gleich mehrfach positiv aus:

- Aufkommende Unkräuter werden beseitigt.
- Die Wurzeln erhalten Sauerstoff.
- Der Boden verkrustet nicht und bleibt in
  gutem Zustand.

Was tun mit Wildtrieben?

Manchmal treiben aus der Basis des Rosenstocks oder scheinbar aus der Erde neue Triebe
aus, so genannte **Wildlinge** oder **Wildtriebe**.
Diese Wildtriebe entwickeln sich aus dem im
Boden befindlichen Teil des Rosenstocks, und
zwar unterhalb der Veredlungsstelle. Sie stam-
men also von der Wildrose, auf die die Edelsorte aufveredelt wurde, und sind entsprechend
robust und wuchsfreudig.

Woran erkennt man Wildtriebe?

- Sie wachsen meist deutlich stärker als die
  Triebe der Edelsorte.
- Sie tragen etwas anders gebaute Blätter, die
  meist zahlreichere, kleinere, hellere und nicht
  glänzende Fiederblättchen besitzen.
- Die Triebe haben mehr Stacheln.

Auf Grund ihrer stärkeren Wuchskraft können
solche Wildtriebe unsere gewählte Rosensorte
bedrängen oder sogar überwachsen. Sie müssen
daher **möglichst frühzeitig entfernt werden.**
Am besten geschieht dies im späten Frühjahr.
Zunächst wird der Wildtrieb bis zur Ansatzstelle
freigegraben und dann nahe am Ansatz abgeschnitten oder nach unten zu abgerissen.

■ Bei Stammrosen kann man Wildlinge (links)
besonders gut erkennen.

Rosen richtig schneiden

Viele Rosenfreunde sind unsicher und ver-
wirrt, wenn es um den Schnitt geht, denn in
Büchern und Katalogen ist von verschiedensten Schnittarten und von diffizil klingenden
Unterschieden zwischen den einzelnen Rosengruppen die Rede. In der Praxis ist der
Rosenschnitt jedoch weit einfacher, als es
auf dem Papier klingt. Doch warum soll man
Rosen überhaupt schneiden? Abgesehen von
den echten Wildrosen, die man ohnehin kaum
schneidet, geht es bei Gartenrosen um eine
möglichst üppige Blüte, um einen schönen
Wuchs und um die Gesundheit. Und diese drei
Faktoren werden durch den richtigen Schnitt
erreicht bzw. gefördert.

■ **Richtig:**
Schnitt schräg und knapp
über dem Auge.

■ **Falsch:**
Schnitt zu nah am Auge. Es kann
verletzt werden oder trocknet aus.

■ **Falsch:**
Zu langer verbleibender Triebstummel,
wirkt unschön, schlechter Wund-
verschluss.

Der Rückschnitt

Auch Rosen sind Gehölze. Für sie gelten die
gleichen Regeln wie beim Obstbaumschnitt.

Wie schneiden wir?

■ Knapp über einem Auge (keine langen
Stummel stehen lassen, aber auch nicht das
Auge verletzen)

■ Schräg (damit sich kein Wasser sammelt und
der Trieb fault, jeder Schnitt ist schließlich
eine Verletzung der Pflanze)

■ Auf ein nach außen zeigendes Auge (dadurch erfolgt der Austrieb an der Außenseite,
wo sich der neue Trieb mit schon vorhandenen kreuzen könnte).

Mit **Auge** ist dabei immer eine Knospe gemeint,
die man meist gut erkennt. Es gibt aber auch so
genannte **schlafende Augen.** Sie sind nur als
kleine Punkte zu sehen und dienen sozusagen
für den Notfall, denn sie treiben nur aus, falls
die darüber liegenden, »normalen« Augen verletzt werden.

Wie stark soll man zurückschneiden?
Wie bei allen Gehölzen gilt auch bei Rosen:

■ **ein kurzer, also schwacher Rückschnitt**
bewirkt einen schwachen Austrieb

■ **ein langer, also starker Rückschnitt hat**
einen starken Austrieb zur Folge.

Möchte man also z.B. eine langstielige Edelrose verschenken, muss man im Frühjahr stark zurückschneiden, also bis auf wenige (2–4) Augen. Die Rose wird dann einen entsprechend langen Trieb bilden, der in der Vase besonders attraktiv aussieht.

Sollen dagegen z.B. die Beetrosen nur wenig und bis auf eine bestimmte Höhe wachsen, damit die Pflanzung harmonisch wirkt, schneidet man nur kurz zurück, belässt also etwas mehr (5–6) Augen (jeweils vom Boden aus gerechnet). Der Neuaustrieb wird dann nur relativ schwach erfolgen.

Durch die Stärke des Rückschnitts kann man auch die unterschiedliche Wuchskraft verschiedener Rosensorten berücksichtigen und – im Rahmen der genetischen Möglichkeiten – ausgleichen: Schneidet man schwachwüchsige Beetrosen immer wieder stärker zurück, so fördert man dadurch die Bildung kräftigerer Triebe. Umgekehrt kann man die Wuchskraft starkwüchsiger Sorten durch einen nur schwachen Rückschnitt etwas mäßigen.

Wann schneiden wir?

Grundsätzlich schneidet man Rosen überwiegend **im Frühjahr**, und zwar dann, wenn die Knospen schwellen, also je nach Klima und Region zwischen etwa Ende Februar und Ende März. Dies gilt für den jährlich nötigen Rückschnitt wie für die Auslichtung und ein Verjüngen überalterter Rosenstöcke. Früher wurde der Rückschnitt im Herbst durchgeführt. Doch dies hatte mehr optische – der Garten sollte vor dem Winter »sauber« sein – als praktische Gründe, denn beim Herbstschnitt kann der

TIPP Wählen Sie für den Rosenschnitt (wie für den Obstbaumschnitt) einen trockenen Tag, denn über die Schnittflächen eindringende Feuchtigkeit erhöht die Gefahr von Bakterien- und Pilzinfektionen.

Frost tiefer als nötig in die alten Triebe eindringen. Heute wird praktisch nur noch im Frühjahr geschnitten.

Das Auslichten

Jedes Jahr im Frühjahr sehen wir uns unsere Rosen genau an und prüfen, ob sie ausgelichtet

■ Damit Edelrosen (hier 'Elina') schön langstielig wachsen, muss man sie stark zurückschneiden.

werden sollten. Dies gilt für alle Rosen, also unabhängig davon, ob anschließend ein Rückschnitt nötig ist oder nicht.

Warum überhaupt auslichten? Dafür gibt es zwei Gründe:

- Beim Auslichten schneidet man alle kranken, sehr dünnen und erfrorenen Triebe oder Triebteile am Grund ab bzw. bis ins gesunde Holz zurück (gesundes Holz erkennt man am weißlichen Mark).

- Außerdem entfernen wir stark nach innen wachsende oder sich überkreuzende Triebe, denn diese stören andere Triebe an der Entfaltung und nehmen ihnen Licht und Luft.

Das Verjüngen

Keine Rose blüht ewig, vielmehr lässt der Blütenansatz nach ein paar Jahren merklich nach – ähnlich dem Fruchtansatz an alten Obstbäumen. Doch keine Sorge, dies betrifft immer nur einzelne Triebe und nicht den ganzen Rosenstock – es gibt sogar Rosen, die schon über hundert Jahre alt sind und trotzdem noch blühen. Die Kunst, sie am Leben und Blühen zu halten, besteht darin, immer wieder für ein neues blühfähiges Triebgerüst zu sorgen. Und genau dazu dient das Verjüngen.

Beim Verjüngen werden überalterte Triebe an der Basis (also am Ansatz oder knapp über dem Boden) ganz herausgenommen. Für einen formschönen Wuchs reichen auch bei Strauchrosen fünf kräftige Triebe pro Rosenstock völlig

aus. Durch das Verjüngen schafft man Platz für die noch neuen Triebe, in die nun entsprechend mehr Wuchskraft gelangen kann.

Das Verjüngen wird wie das Auslichten im Frühjahr vorgenommen. Es ist am wichtigsten bei den Strauchrosen (einschließlich der Alten und Englischen Rosen), den Kletterrosen und Wildrosen und wird jeweils etwa alle vier bis fünf Jahre nötig.

Hagebutten erwünscht?

Wenn Sie bei Ihren Rosen auf Hagebutten Wert legen, dann dürfen Sie die verblühten Blüten natürlich nicht wegschneiden, denn sonst warten Sie vergeblich auf den herbstlichen Fruchtschmuck.

Rosen schneiden – nur mit dem richtigen Werkzeug

Wichtig sind zum einen **scharfe Klingen,** damit die Triebe nicht gequetscht werden – ein glatter Schnitt verheilt erstaunlich schnell –, und zum anderen **sauberes Werkzeug,** damit beim Schnitt keine Krankheitserreger übertragen werden.

Für den Rosenschnitt empfehlen sich folgende Werkzeuge:

- **Rosenschere** –
  das A und O für die Pflege; man schneidet mit ihr dünne und mittelstarke Triebe. Sie soll gut in der Hand liegen und auswechselbare Klingen haben. Markenscheren sind zwar teurer, halten aber ein Leben lang.

- **Astschere** – zum Auslichten und Verjüngen, zum Schnitt starker Triebe.

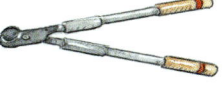

- **Baumsäge** – ebenfalls zum Entfernen starker Triebe.

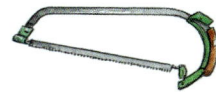

Generell empfehlen sich für den Rosenschnitt stabile Arbeitshandschuhe als Schutz vor den Stacheln, z. B. aus Wildleder.

Schnitthinweise für alle Rosengruppen

Strauchrosen

Hier ist zwischen den **einmalblühenden** und den **öfterblühenden Sorten** zu unterscheiden. Der Grund ist einleuchtend: Einmalblühende Rosen bilden ihre Blütentriebe am vorjährigen (und älteren) Holz, öfterblühende dagegen zusätzlich an den diesjährig gebildeten Trieben. Daher lichtet man die einmalblühenden Sorten nur aus, während man bei den öfterblühenden nach der ersten Blüte, also etwa Ende Juni, die verblühten Blütenbüschel auf das nächste kräftige Auge zurückschneidet. Meist ist ein günstiges Auge nicht das unmittelbar darunter liegende, sondern das in der Achsel des ersten gut ausgebildeten Blattes unterhalb der Blüte befindliche. Man schneidet also die verblühten Blüten mitsamt einem oder zwei Blättern ab.

Warum dieser so genannte **Sommerschnitt**? Der kurze Rückschnitt bewirkt, dass die ganze

TIPP Der **Sommerschnitt** ist kein Muss. Auch ohne diesen wird Ihre Rose ein zweites Mal blühen, jedoch mit etwas weniger und kleineren Blüten. Wenn Sie also keine Zeit für den Sommerschnitt haben, können Sie auch darauf verzichten.

Kraft nun in das oberste kräftige und die nächsten Augen fließt, so dass die Rose daraus wiederum kräftige Blütentriebe bildet.

Alte und Englische Rosen

Sie werden im Prinzip – je nach Blühfähigkeit (einmal- oder öfterblühend) – wie Strauchrosen geschnitten. Besonders bei den nur einmalblühenden Alten Rosen geht man behutsam vor und lichtet sie meist nur aus.

■ Strauchrosen werden ausgelichtet: Alte, blühfaule Triebe kürzt man ein, störende, sich überkreuzende Triebe werden weggeschnitten.

Begehen Sie nicht den Fehler und versuchen, die oft etwas ausladend und überhängend wachsenden Alten Rosen durch Rückschnitt in Form zu bringen. Gerade an den Enden der langen Triebe bilden sich oft besonders viele Blüten. Lernen Sie die Eigenheiten Ihrer Rosen kennen, und schneiden Sie sie individuell.

Wildrosen

Sie werden wie einmalblühende Strauchrosen behandelt – im Grunde sind diese auch nichts anderes –, also bei Bedarf ausgelichtet bzw. verjüngt.

Bodendeckerrosen

Hier erfolgt neben dem Auslichten ein Rückschnitt im Frühjahr, ähnlich wie bei den Beetrosen. Sie werden jedoch nicht so stark eingekürzt, sondern nur auf etwa 30–50 cm Höhe

■ Beetrosen schneidet man im Frühjahr auf etwa vier bis sehr Augen zurück. Je stärker Sie zurückschneiden, desto kräftiger treiben die Rosen nach.

(je nach Wuchsform). Größere Anpflanzungen von Flächenrosen können sogar mit dem Balkenmäher zurückgeschnitten werden.

Beetrosen

Nach dem Auslichten werden Beetrosen regelmäßig im Frühjahr relativ stark zurückgeschnitten, stark wachsende Sorten auf etwa vier bis sechs Augen bzw. 20–30 cm Höhe, schwach wachsende etwas tiefer, auf etwa drei bis vier Augen bzw. 10–20 cm Höhe. Dadurch erreicht man einen gleichmäßigen Pflanzenaufbau mit kräftigen, blühfreudigen Trieben und einen kompakten Wuchs, wie er für ein Beet erwünscht ist.

Edelrosen

Sie werden wie Beetrosen geschnitten. Bei der Tiefe des Schnitts richtet man sich nach der Wuchskraft der Sorte; schwachwachsende Edelrosen also stärker, stark wachsende schwächer schneiden. Auch um langstielige Vasenrosen zu bekommen, muss man stark – dies ist sogar bis auf zwei bis drei Augen möglich – zurückschneiden.

Zwergrosen

Man schneidet sie wie Beetrosen im Frühjahr auf vier bis sechs Augen zurück, nur gemäß der Wuchsform etwas niedriger, auf etwa 10–20 cm Höhe.

Kletterrosen

Auch hier unterscheidet man wie bei den Strauchrosen zwischen einmal- und öfterblühenden Sorten. Die einmalblühenden Kletterrosen werden im Frühjahr zunächst bei Bedarf ausgelichtet. Anschließend bindet man die langen, einjährigen Jungtriebe bogenförmig am Rankgerüst fest; man darf sie keinesfalls abschneiden, denn hier werden die blütentragenden Seitentriebe gebildet.

Entfernen können Sie dagegen dickere, nur noch schwach blühende Triebe. Schneiden oder sägen Sie sie bis auf eine Verzweigung mit einem kräftigen Seitentrieb zurück. Die Blütenstände der öfterblühenden Sorten können nach der ersten Blüte ebenso wie bei den entsprechenden Strauchrosen-Sorten zurückgeschnitten werden (Sommerschnitt).

Sie können den Blütenansatz bei Kletterrosen fördern, indem Sie die jungen, noch gut biegsamen Triebe möglichst waagerecht binden. Durch den dadurch bedingten Saftstau wird die Triebbildung zugunsten der Blütenbildung verlangsamt.

Rambler

Diese werden nicht zurückgeschnitten. Hier beschränkt man sich auf ein bodennahes Herausnehmen überalterter, blühfaul gewordener Triebe, also auf das Verjüngen.

Stammrosen

Bei diesen Rosen ist zunächst das Auslichten wichtig, denn sie sind im Winter besonders frostgefährdet (siehe Seite 77). Anschließend erfolgt regelmäßig im Frühjahr ein Rückschnitt, im Prinzip ähnlich wie bei den Beetrosen. Entscheidend ist hier jedoch die gewünschte Kronenform des Rosenstämmchens; daher muss man bei jedem Haupttrieb auf günstig gelegene Augen zurückschneiden und auf eine über die Krone hinweg ausgewogene Trieblänge achten. **Kaskadenrosen (= Trauerrosen)** schneidet man ähnlich wie Kletterrosen.

■ Bei Stammrosen schneiden Sie überalterte Triebe und totes Holz ganz weg, entfernen Sie kreuzende Triebe und kürzen die übrigen etwas ein.

■ Bei Kletterrosen werden alte, blühfaule Triebe ganz entfernt. Schneiden Sie die jungen Seitentriebe leicht zurück und binden Sie sie waagerecht fest.

Wohin mit dem Schnittgut?

Ganz wichtig: Geben Sie die abgeschnittenen Rosentriebe **nie auf Ihren Komposthaufen,** denn häufig tragen diese Sporen des Sternrußtaus – auch wenn er an der Pflanze noch nicht sichtbar ist – oder anderer Pilzkrankheiten, die Sie beim nächsten Ausbringen nur weiterverbreiten würden. Sie können die Schnittreste entweder in die Mülltonne oder in die Kompostieranlage der Gemeinde bringen – dort wird bei so hohen Temperaturen kompostiert, dass dies die Sporen abtötet – oder aber verbrennen, sofern dies erlaubt ist.

Schnittübersicht für alle Gruppen

Rosengruppe	Auslichten	Verjüngen	Rückschnitt
Strauchrosen – einmalblühend – öfterblühend[1]	regelmäßig im Frühjahr regelmäßig im Frühjahr	alle 4–5 Jahre alle 4–5 Jahre	— ja + Sommerschnitt
Alte Rosen	bei Bedarf		bei Bedarf
Englische Rosen	regelmäßig im Frühjahr	alle 4–5 Jahre	ja + Sommerschnitt
Wildrosen	bei Bedarf	alle 4–5 Jahre	—
Bodendeckerrosen	bei Bedarf	nur bei Bedarf	jährlich im Frühjahr auf 30–40 cm
Beetrosen	regelmäßig im Frühjahr	nur bei Bedarf	jährlich im Frühjahr auf 10–30 cm
Edelrosen	regelmäßig im Frühjahr	nur bei Bedarf	jährlich im Frühjahr auf 10–30 cm
Zwergrosen	regelmäßig im Frühjahr	nur bei Bedarf	jährlich im Frühjahr auf 10–20 cm
Kletterrosen – einmalblühend – öfterblühend[1]	bei Bedarf regelmäßig im Frühjahr	alle 4–5 Jahre alle 4–5 Jahre	— ja + Sommerschnitt
Rambler	bei Bedarf	alle 4–5 Jahre oder bei Bedarf	—
Stammrosen und Kaskadenrosen	regelmäßig im Frühjahr	—	jährlich im Frühjahr auf 10–30 cm, je nach Kronenform

[1] Ob eine Rose einmal- oder öfterblühend ist, finden Sie jeweils in den Angaben bei den Porträts (Seite 19 ff.).

Gut geschützt durch den Winter

Bei heimischen Wildrosen brauchen Sie sich um einen Winterschutz nicht zu kümmern, sie sind von Natur aus winterhart. Dies gilt auch für die meisten bei uns erhältlichen fremdländischen Wildarten. Anders dagegen bei vielen veredelten Gartenrosen. Hier ist gerade die Veredlungsstelle frostgefährdet und benötigt daher einen Winterschutz. Gefährlich ist dabei vor allem die Wintersonne. Wenn sie an einem schönen Wintertag ungehindert auf die Rosentriebe scheint, regt das die Knospen zum Austrieb an, mit der Folge, dass die zarten Triebspitzen in der folgenden Winternacht erfrieren. Gefährlich sind weiterhin ein häufiger Wechsel zwischen Auftauen und Gefrieren sowie austrocknende Winde.

Je nach Region und Lokalklima sind die Rosen unterschiedlich stark frostgefährdet. Im Weinbauklima müssen Sie sich natürlich weniger um den Winterschutz kümmern als in rauen Lagen im Alpenraum oder im Nordosten Deutschlands mit seinen kalten Ostwinden. Dort empfehlen sich dann besonders frostharte Sorten, wie z. B. 'Bonica '82', 'Heidetraum' oder 'Schneewittchen'. Erkundigen Sie sich wegen der Frosthärte Ihrer Rosen bei einer Gärtnerei bzw. Baumschule in Ihrer Nähe oder bei Ihrem lokalen Gartenbauverein.

Vorbereitung auf den Winter

Nicht nur die Sortenwahl entscheidet darüber, ob Ihre Rosen gut durch den Winter kommen

oder nicht. Sie können und sollten Ihre Rosen mit der entsprechenden Pflege bereits auf den Winter vorbereiten:

- Ab (Mitte) Juli keinen Dünger mehr ausbringen. Der im Dünger enthaltene Stickstoff regt die Rosen zur Triebbildung an, doch haben die Triebe bis zum Winter nicht mehr ausreichend Zeit um richtig ausreifen (verholzen) und sind dementsprechend frostgefährdet.

- Im Herbst keine Bodenbearbeitung mehr durchführen, da dadurch das Bodenleben angeregt und Stickstoff freigesetzt wird – mit der gleichen Wirkung wie bei einer Düngung.

■ Viele Rosen sind erstaunlich frosthart – selbst Raureif kann ihnen nichts anhaben.

Entfernen Sie im Spätherbst sorgfältig das noch an den Trieben haftende Laub und sammeln Sie noch am Boden liegendes auf und vernichten Sie es, bevor Sie die Rose anhäufeln und eine Winterschutzabdeckung anbringen, denn im Falllaub überwintern u. a. die Sporen des Sternrußtaus.

Winterschutz

In allen Rosengruppen gibt es – ganz unabhängig vom jeweiligen Klima – empfindlichere und robustere Sorten. Außerdem benötigen junge Rosenstöcke erfahrungsgemäß eher einen Win-

■ Zum Überwintern werden Beetrosen angehäufelt und gut mit Reisig abgedeckt.

terschutz als ältere, eingewachsene Exemplare. Wie überall im Garten gilt daher auch hier: Beobachten Sie Ihre Pflanzen und lernen Sie sie kennen; so können Sie den notwendigen Pflegeaufwand allmählich selbst abschätzen.

Die nachfolgend aufgeführten Winterschutzmaßnahmen sollten Sie etwa Ende November oder Anfang Dezember durchführen, wenn sich die ersten stärkeren Frostperioden ankündigen, nicht jedoch schon bei den ersten leichten Nachtfrösten.

Beetrosen, Edelrosen und Zwergrosen
werden etwa 20 cm hoch mit Erde angehäufelt. Dazu vorsichtig die Erde rund um die Rose zusammenschieben, besser jedoch etwas Erde von einer anderen Stelle verwenden. Die im Boden liegende Veredlungsstelle sitzt durch das Anhäufeln tiefer und ist besser geschützt. Zusätzlich kann man die Rosenstöcke mit Fichten- oder Tannenreisig abdecken.

Strauchrosen
brauchen meist keinen Winterschutz. Es gibt jedoch vor allem bei den öfterblühenden etwas empfindlichere Sorten (Gärtner fragen!), die ebenso wie Beetrosen angehäufelt werden.

Alte und Englische Rosen
sollten Sie ebenfalls als Schutz vor dem Frost und vor kalten Winden anhäufeln und evtl. mit Reisig abdecken.

Bodendeckerrosen
brauchen gewöhnlich keinen Winterschutz, die meisten Sorten sind frosthart. Jungpflanzen werden jedoch mit Reisig abgedeckt.

Kletterrosen

werden einerseits am Grund angehäufelt, damit die Veredlungsstelle geschützt ist; hier sollten es etwa 30 cm Höhe sein. Andererseits brauchen aber auch die kletternden Triebe Schutz vor Wintersonne und Wind. Dazu befestigen Sie einfach Reisig an den Trieben bzw. am Klettergerüst. Statt Reisig läßt sich sehr gut auch Sackleinen, Jute, eine Schilf- bzw. Strohmatte oder ein ähnlich luftdurchlässiges Gewebe verwenden. Gleiches gilt für an Spalieren, Rankgerüsten, Säulen etc. emporkletternde Rambler und kletternde Strauchrosen.

Topfrosen

müssen im Winter besonders gut geschützt werden, da die Erde im Topf ohne ausreichenden Schutz komplett durchfriert. Dies würde alle Wurzeln absterben lassen.

Sta mmrosen

sind generell besonders frostgefährdet, da ihre Veredlungsstelle über der Erde liegt (siehe Seite 75 f.) und damit der Witterung direkt ausgesetzt ist. Für sie gibt es in Sachen Winterschutz **zwei Möglichkeiten**: das Niederlegen – nur für junge Stämmchen geeignet – und das Einpacken. Beim **Niederlegen** biegt man den Rosenstamm bis zum Boden, befestigt ihn darin mit überkreuzten Ästen, einem Haken o. Ä. und bedeckt die Krone anschließend mit Erde sowie evtl. zusätzlich mit Reisig. Den Stamm selbst umwickeln Sie mit Sackleinen oder Reisig. Vorsicht: Das Niederlegen muss über die so genannte Zapfenschnittstelle hinweg erfolgen, die sich nahe am Boden befindet, sonst kann der Stamm dort einschlitzen und brechen. Anhäufeln ist bei Stammrosen nicht nötig, denn

TIPP Nach einer Herbstpflanzung sollten Sie alle Rosen mit einem entsprechenden Winterschutz versehen. So fördern Sie deren sicheres Anwachsen und riskieren keine Ausfälle.

der Stamm wird ja von einer winterharten Wildrose gebildet.

Beim **Einpacken** wird die Krone des Stämmchens mit luftdurchlässigem Material verpackt, sodass die im Inneren befindliche Veredlungsstelle gut geschützt ist. Geeignet ist dafür z. B.

■ Frei stehende Kletterrosen werden am besten mit Tannen- oder Fichtenreisern dicht eingehüllt.

TIPP Sobald sich die **Frühlings-sonne** zeigt und den Boden spürbar erwärmt, müssen Sie rechtzeitig die **Reisigabdeckung entfernen**. Zum einen können sich sonst Pilzkrankheiten wie die **Rindenfleckenkrankheit** ausbreiten, zum anderen brauchen die austreibenden Knospen Licht, sonst bilden sie lange, dünne, so genannte **Geiltriebe**.

Sackleinen oder einfach Reisig. Das Innere kann man außerdem mit Moos, Holzwolle o. Ä. füllen. Auf keinen Fall dürfen Sie die Krone jedoch mit Kunststofffolie einhüllen, denn im feuchten Inneren kommt es sonst zu Fäulnis und Schimmelbildung.

Bei **Kaskadenrosen** kann man die nach unten hängenden Zweige zusätzlich am Stamm festbinden.

■ Hochstammrosen schützt man gegen die Kälte, indem man sie mit luftdurchlässigen Materialien einpackt – keine Kunststofffolie verwenden!

Rosen gesund erhalten

Der beste Pflanzenschutz ist die Wahl robuster Sorten und eines günstigen Standortes, verbunden mit einer guten Pflege. Bei der Sortenauswahl hilft Ihnen das so genannte ADR-Prädikat.

ADR-Rosen

ADR steht für »**Allgemeine Deutsche Rosenneuheitenprüfung**«.

In dieser nach Rosenkennern »härtesten Rosenprüfung der Welt« werden neue Rosensorten für mehrere Jahre an verschiedenen Standorten (Prüfgärten) in Deutschland ohne Einsatz von Pflanzenschutzmitteln gezogen und dabei von Fachleuten genau beurteilt. Nach Ablauf der Prüfzeit werden die Sorten abschließend beurteilt; diejenigen, die nach jährlichen Bewertungen zuletzt eine bestimmte Punktzahl erreicht haben, erhalten das **ADR-Prädikat** des jeweiligen Jahres.

Für Gartenfreunde bedeutet das ADR-Prädikat die Gewähr für besondere Robustheit, vor allem gegen Pilzkrankheiten, sowie für eine Sorte, die hinsichtlich Wuchs, Blühfreudigkeit, Abblühverhalten (die verblühten Blüten sollen nicht am Stiel kleben bleiben) usw. überzeugt. Auch ein älteres ADR-Prädikat ist noch wertvoll, denn wenn eine Sorte die sich laufend verändernden Qualitätskriterien der Prüfung nicht mehr erfüllt, wird das ADR-Prädikat wieder aberkannt. Im

Porträtteil (Seite 19 ff.) finden Sie bei allen Rosensorten jeweils angegeben, ob und wann sie ein ADR-Prädikat erhalten haben.

Pflanzenschutz – mit Maß und Ziel

Auch bei guter Auswahl und bester Pflege können Rosen von Krankheiten oder Schädlingen befallen werden. Manche sind harmlos, z. B. der Befall mit Blattläusen, der sich meist nur kurzfristig einstellt und rasch durch die im Garten vorhandenen Nützlinge oder durch Nahrungsmangel von selbst reguliert. Bei anderen sollte man frühzeitig die richtigen Gegenmaßnahmen treffen.

Bevor Sie scheinbar gefährlichen Krankheitserregern oder Schädlingen mit Spritzmitteln zu Leibe rücken, sollten Sie jedoch deren Einsatz immer gut abwägen und nicht vorschnell agieren. In der Natur verläuft vieles in Wellen, dazu zählt das Auftauchen von Parasiten ebenso wie deren Verschwinden. Mancher Schaden lässt sich durch rechtzeitiges Absammeln befallener Blätter oder mit einem scharfen Wasserstrahl begrenzen. Oft liegt der Befall auch einfach daran, dass eine Rose am falschen Platz steht und dadurch ständig leicht geschwächt, quasi vorgeschädigt ist. Hier haben Schädlinge und Krankheiten dann leichtes Spiel, denn ähnlich wie beim Menschen sind auch bei einer solchen Rose die Abwehrkräfte geschwächt.

Wächst Ihre Rose kümmerlich, bleiben also die Triebe dünn und wenig verzweigt, setzt sie nur wenig Blüten an – dann geht es ihr bestimmt nicht besonders gut. Vielleicht helfen ein paar Gaben Kompost oder etwas Dünger, vielleicht fehlt genügend Licht, weil der hinter der Rose wachsende Strauch zu dicht geworden sind, vielleicht sind die Wurzeln auf eine Sperrschicht gestoßen. Mit entsprechenden Pflegemaßnahmen können Sie hier für Abhilfe sorgen. Schließlich bleibt immer noch das Umpflanzen (siehe Seite 103) als letzte Möglichkeit. Sie werden zusehen können, wie sich Ihre Rose anschließend erholt, wächst und prächtig gedeiht.

Bodenmüdigkeit

Eine noch nicht in allen Einzelheiten geklärte Erscheinung ist die so genannte Bodenmüdigkeit oder **Nachbaukrankheit.** Sie kann bei der Nachpflanzung einzelner Rosen oder bei der Neuanlage einer ganzen Rosenpflanzung auftreten, wenn an dem gleichen Platz zuvor schon für mehrere Jahre Rosen wuchsen. Die Rosen kümmern dann trotz guter Pflege, tragen kaum Blätter und Blüten, gilben und sterben oft auch ganz ab. Ursache scheinen über Jahre angesammelte einseitige Bodenveränderungen zu sein, u. a. durch Wurzelausscheidungen der Rosen.

■ Gut verrotteter Kompost und Pflanzenjauchen machen müde Böden wieder munter – und das ganz ohne Chemie.

Was ist zu tun? Grundsätzlich wird empfohlen, einen »Rosenboden« mehrere Jahre ruhen zu lassen bzw. anders zu bepflanzen, bevor man wieder Rosen hineinsetzt. Möchte man am gleichen Platz wieder Rosen pflanzen, so sollte man – gleich ob es sich um einzelne Rosenstöcke oder eine ganze Pflanzung handelt – den Boden großzügig austauschen, d. h. bis in 50–70 cm Tiefe ausheben und durch neues Erdreich ersetzen.

Vorbeugung durch biologische Mittel

Sie können Ihre Rosen vorbeugend gegen die genannten und andere Pilzkrankheiten mit pflanzlichen Hausmitteln oder biologischen **Stärkungsmitteln** spritzen. Diese festigen u. a. die Zellstruktur und erschweren es dadurch den Pilzen, in die Zellen einzudringen. Empfehlenswert ist z. B. Ackerschachtelhalm-Brühe (1 kg Frisch- oder 150 g Trockenmaterial auf 10 l Wasser), mit der die Rosen vorbeugend abgespritzt werden, oder unter den biologischen Präparaten die Mittel Bio-S und Neudo-Vital. Diese Mittel erhalten Sie im Fachhandel (siehe Bezugsquellen Seite 124).

Nützlinge fördern

Als Gärtner und Pflanzenfreund ist man versucht, alle Schädlinge als Feinde zu betrachten, die es zu bekämpfen gilt. Doch für die Schädlinge stellt der Garten einfach einen Lebensraum dar, an dem sie Anteil haben und wo sie nicht zuletzt auch als Nahrung für die Nützlinge

dienen. Je vielfältiger Sie Ihren Garten gestalten, desto stabiler wird er als Lebensraum sein, in dem die sich einstellenden Nützlinge – Vögel, Marienkäfer, Schwebfliegen, Ohrwürmer, Laufkäfer usw. – die Schädlinge in Grenzen halten.

Auch in einem intakten Lebensraum treten »Schädlinge« kurzzeitig massenweise auf – das ist ihre natürliche Strategie. Doch dies lockt ebenfalls binnen kurzem die Nützlinge in Scharen an, so dass sich das alte Gleichgewicht bald wieder einstellt.

Darum sei vor dem übereilten Griff zum Pestizid gewarnt, denn dadurch werden meist auch die Nützlinge dezimiert. Lassen Sie Ihrem Garten und den darin lebenden Nützlingen Zeit, und greifen Sie nur im Notfall dosiert und regulierend ein.

Auf einen Blick

- Kaufen Sie nicht die billigsten Rosen, sondern nur gesunde, mit Etikett versehene Pflanzen.
- Achten Sie bei der Pflanzung auf die Lage der Veredlungsstelle (5 cm tief im Boden) und eine gute Bodenvorbereitung.
- Rosengerechter Schnitt bedeutet vorbeugender Pflanzenschutz!
- Zur Überwinterung muss die frostempfindliche Veredlungsstelle gut abgedeckt und geschützt werden.
- Setzen Sie Spritzmittel nur im äußersten Notfall ein.

Die häufigsten Rosenkrankheiten und -schädlinge

■ Oben: Sternrußtau – Jahr für Jahr die mit Abstand häufigste Rosenkrankheit.
■ Unten: Echter Mehltau zeigt sich als flaumiger, weißer Belag vor allem auf den Blattoberseiten.

Sternrußtau

Kennzeichen:
- häufigste Rosenkrankheit; mit Befall muss man im Herbst bei den meisten Sorten rechnen
- braunviolette bis schwarze Flecken auf den Blättern mit unregelmäßig ausgefransten Rändern
- meist gegen Ende der Vegetationszeit
- besonders stark bei anhaltend feuchtem Wetter.

Vorbeugung und Bekämpfung:
- robuste Sorten wählen, ausgewogen (kaliumreich) düngen, nicht zu eng pflanzen
- Falllaub (= Infektionsquelle) entfernen und unbedingt vernichten (nicht auf den Kompost!)
- bei starkem Befall nötigenfalls mit zugelassenen Fungiziden spritzen.

Echter Mehltau

Kennzeichen:
- mehliger, weißer Belag auf Blättern (beiderseits), evtl. auch auf Trieben und Blüten
- wird begünstigt durch feuchte Witterung und luftfeuchten Standort.

Vorbeugung und Bekämpfung:
- robuste Sorten wählen, nicht zu eng pflanzen, nicht stickstoffbetont düngen
- Falllaub (= Infektionsherd) entfernen und vernichten (nicht auf den Kompost!)
- stark befallene Triebteile zurückschneiden.

Rosenrost

Kennzeichen:
- gelborange, punktförmige Flecken auf den Blattoberseiten
- rotorange gefärbte, später schwarze, stäubende Pusteln auf den Blattunterseiten
- wird begünstigt durch kühle, feuchte Sommer.

Vorbeugung und Bekämpfung:
- befallene Teile absammeln und vernichten (nicht auf den Kompost!)
- bei starkem Befall nötigenfalls mit zugelassenen Fungiziden spritzen.

Blattläuse

Kennzeichen:
- kleine, sich wenig bewegende, meist grüne Insekten ohne oder mit Flügeln
- die Tiere sitzen an den jungen Trieben und Blütenknospen und saugen Pflanzensaft
- treten vor allem im späten Frühling und Frühsommer (meist im Mai) auf
- werden durch lufttrockene, heiße Standorte begünstigt.

Vorbeugung und Bekämpfung:
- In einem vielfältigen Garten verschwinden sie meist bald wieder von selbst.
- ausgewogen und nicht stickstoffbetont düngen, da dadurch die Triebe zu weich werden
- gegen leichten Befall durch Abstreifen mit den Fingern oder mit einem scharfen Wasserstrahl vorgehen
- bei stärkerem Befall mit Schmierseifenlösung spritzen – aber nicht an sonnigen Tagen, sonst Gefahr von Blattverbrennungen!

■ Oben: Typisch für den Rosenrost sind die gelbroten Flecken auf der Blattoberseite.
■ Unten: Blattläuse finden sich im späten Frühjahr an den noch weichen, jungen Trieben.

Spinnmilben (»Rote Spinne«)

Kennzeichen:

- winzige, rötliche Spinnentiere saugen an den Blattunterseiten und den Trieben
- feines Gespinst an Blättern und/oder Trieben
- feine, gelbliche Sprenkel an den Blattoberseiten, die Blätter wirken oft silbrig
- vor allem an lufttrockenen, heißen Standorten (Kletterrosen vor einer Südwand).

Vorbeugung und Bekämpfung:

- heiße Standorte ohne Luftbewegung grundsätzlich meiden
- auf gleichmäßige Wasserversorgung achten
- befallene Blätter und stark befallene Triebe abschneiden und vernichten.

Rosenblattrollwespe

Kennzeichen:

- ab Mai bis Juli in Längsrichtung eingerollte Fiederblättchen (ausgelöst durch die Eiablage der kleinen, schlanken, schwarzen Wespen)
- in den Blättchen entwickeln sich die Larven (ab Juli erfolgt die Weiterentwicklung im Boden).

Vorbeugung und Bekämpfung:

- Vorbeugung nicht möglich
- eingerollte Blätter möglichst frühzeitig absammeln und vernichten
- nur bei starkem Befall nötigenfalls mit Pyrethrum-Präparaten oder alternativ Niembaum-Mitteln spritzen.

■ Oben: Spinnmilben befallen vor allem Kletterrosen, die an Hauswänden in praller Sonne wachsen.
■ Unten: Gegen Befall durch Blattrollwespen kann man außer frühzeitigem Absammeln leider wenig tun.

Rosenzikade

Kennzeichen:
- an den Blattunterseiten saugen kleine, weiß-grüne, blattlausähnliche, aber hüpfende oder auffliegende Insekten
- an den Blattoberseiten weißliche Flecken, die Blätter wirken scheckig
- wird begünstigt durch lufttrockene, heiße Standorte.

Vorbeugung und Bekämpfung:
- heiße Standorte ohne Luftbewegung meiden
- bei geringem Befall die Blätter untersuchen und die Zikaden absammeln
- nur bei starkem Befall nötigenfalls mit zugelassenen Mitteln spritzen.

Rosentriebbohrer

Kennzeichen:
- die Spitzen junger Triebe welken und hängen anschließend schlapp herunter
- direkt über den Blättern oder in der Nähe der Stacheln finden sich kleine, runde Löcher im Trieb
- schneidet man den Trieb längs auf, so finden sich dort etwa 1 cm lange Maden – die Rosentriebbohrer. Sie sind die Larven von bestimmter Blattwespen-Arten.

Vorbeugung und Bekämpfung:
- die befallenen Triebe möglichst bald ausschneiden und vernichten – nicht auf den Kompost geben!
- für eine direkte Bekämpfung sind derzeit keine Mittel zugelassen.

■ Oben: Befall durch die Rosenzikaden (kleines Bild) zeigt sich an den typischen silbrig-weißen, unregelmäßigen Flecken.
■ Unten: Von Rosentriebbohrern befallene Triebe sind schnellstmöglichst zu vernichten.

Adressen, die Ihnen weiterhelfen

Pflanzen

Informationen über
Rosen-Baumschulen in
Ihrer Nähe erhalten Sie
bei:
Bund deutscher Baum-
schulen (BdB) e.V.
Bismarckstr. 49
25421 Pinneberg
www.bund-deutscher-
baumschulen.de

Bekannte Rosenzüchter
Rosarot Pflanzenversand
Gerd Hartung
Besenbek 4b
25335 Raa-Besenbek
Tel.: 04121/423884
www.rosenversand24.de

W. Kordes' Söhne
Rosenstr. 54
25365 Klein Offenseth-
Sparrieshoop
Tel.: 04121/48700
www.kordes-rosen.com

Rosen Tantau
Tornescher Weg 13
25436 Uetersen
Tel.: 04122/7084
www.rosen-tantau.com

Noack Rosen
Im Waterkamp 12
33334 Gütersloh
Tel.: 05241/20187
www.noack-rosen.de

Rosen-Union
Steinfurther
Hauptstr. 27
61231 Bad Nauheim-
Steinfurth
Tel. 06032/96530
www.rosen-union.de

Österreich:
Grumer Rosen
Raasdorfer Str. 30
A-2285 Leopoldsdorf
www.grumer.at

Praskac Baumschulen
Praskacstr. 101–108
A-3430 Tulln
Tel.: +43/(0)2272/
62460
www.praskac.at

Schweiz:
Richard Huber AG
Rotenbühl 8
CH-5605 Dottikon AG
Tel.: +41/
(0)566241828
www.rosen-huber.ch

Alte und Englische Rosen
Rosen Jensen-Lützow
GmbH
Am Schlosspark 2b
24960 Glücksburg
Tel.: 046/60100
www.schlossgaertnerei-
luetzow.de

Rosenhoff Schultheis
Bad Nauheimer Str. 3–7
61231 Bad Nauheim
www.rosenhof-
schultheis.de

Lacon
J.-S.-Piazolo-Str. 4a
68759 Hockenheim
Tel.: 06205/4001
www.lacon-rosen.de

Rosengärtnerei Kalbus
Hagenhausener
Hauptstr. 1b
90518 Altdorf
www.rosen-kalbus.de

Zubehör

Stützen, Rankgitter, Rosenbögen, Werkzeug
Lacon
(siehe unter »Alte und
Englische Rosen«;
Rankhilfen, Werkzeug,
Produkte rund um die
Rose wie Rosenwasser,
-parfüms, -öl etc.)

Gartenbedarf-Versand
Richard Ward
Günztalstr. 22
87733 Markt Rettenbach
Tel.: 08392/1646
www.gartenbedarf-
versand.de
(u.a. Link Stakes, Rank-
hilfen, Rosen-Stützen,
Werkzeug, Etiketten)

Nützlinge, Biologischer Pflanzenschutz, Dünger
W. Neudorff GmbH KG
An der Mühle 3
31860 Emmerthal
www.neudorff.de
(v.a. Biologischer Pflan-
zenschutz)

Compo GmbH
Gildenstr. 38
48157 Münster
Tel.: 0251/32770
www.compo.de
(Dünger, Pflanzen-
stärkungsmittel)

Oscorna Dünger
GmbH & Co.
Erbacher Str. 41
89079 Ulm
Tel.: 0731/946640
www.oscorna.de
(Dünger, Bio-S)

Adressen

Bodenuntersuchung
Um eine Bodenunter-
suchung vornehmen zu
lassen, entnehmen Sie
Proben von verschiede-
nen Stellen Ihres Gar-
tens, mischen diese und
schicken davon etwa
500 Gramm an eine
Bodenuntersuchungs-
stelle (= LUFA). Adres-
sen erhalten Sie über:
VDLUFA
c/o LUFA Speyer
Obere Langgasse 40
67346 Speyer
www.vdlufa.de

Liebhabervereine
Gesellschaft Deutscher
Rosenfreunde e.V.
(GDR)
Waldseestr. 14
76532 Baden-Baden
www.rosenfreunde.de

Österreichische
Rosenfreunde
in der Österreichischen
Gartenbau-Gesellschaft
Parkring 12
A-1010 Wien
www.egg.or.at

Gesellschaft Schweizer
Rosenfreunde
Schlossbergstr. 23
CH-8220 Wädenswil
www.rosenfreunde.ch

Stichwortverzeichnis

Sehenswerte Rosengärten

Europa-Rosarium
Steinberger Weg 3
06526 Sangerhausen
Tel./Fax: 03464/19433
www.sangerhausen.de
(Europas größte Rosen-
sammlung)

Deutsches Rosarium
VDR
Dortmund-Westfalenpark
An der Buschmühle 3
44139 Dortmund
Tel.: 0231/5026116
www.westfalenpark.de

Rosenmuseum
Steinfurth
Alte Schulstr. 1
61231 Bad Nauheim-
Steinfurt
Tel.: 06032/86001
www.bad-nauheim.de

Italienischer Rosen-
garten, Straße der
Wild- und Strauchrosen,
Roseninformationsgarten
Mainau GmbH
78465 Insel Mainau
Tel.: 07531/3030
www.mainau.de

Informationen aus dem Internet

Weitere Rosarien und
Rosengärten, auch in
anderen Ländern, finden
Sie im Internet unter
www.gartenlinksamm-
lung.de

Bildnachweis

AKG: 9; Baumjohann: 99, 103; Bieker: 4r, 14/15, 26, 38o, 65r, 66m, 66u; BKN Strobel: 31u, 42; Borstell: 10, 13r, 25, 27r, 30u, 40u, 48u, 55o, 57r, 58u, 59, 80o, 82, 84, 113; Fischer: 58o, 72; Flora Press/Botanical Images: 120u; Hagen: 5l, 11, 12, 13l, 34, 66o, 122u; Kordes: 8, 22u, 28l, 32, 45u, 48u, 49u, 56, 60, 61o, 73; Kuttig: 123u; Markley: 53u; Noack-Rosen: 49o; Pelzer: 6/7; Pforr: 21, 35o, 120u, 122o, 123o; Redeleit: 116 Reinhard: 18, 19, 20, 22o, 23, 27l, 28r, 29, 3ou, 31o, 33u, 34o, 35u, 37, 39, 40o, 41, 43, 44, 45o, 46, 50, 52o, 53o, 54, 55u, 68, 69, 74, 80l, 88, 90, 93o, 97u, 98, 104, 114, 118; Rosen-Tantau: 97o; Sammer: 92, 93u, 101, 105; Seidl: 24, 48o, 57l, 81, 107, 121; Stangl: 115; Strauß: 1, 2/3, 4l, 5r, 33u, 36, 38o, 51, 61u, 62/63, 64, 67, 70, 71, 75, 80r, 83, 86, 94/95, 114, 120o

Über den Autor

Dr. Thomas Hagen ist Diplom-Biologe mit Schwerpunkt Botanik und hat in Vegetations- und Bodenkunde promoviert. Seine Begeisterung gilt den Pflanzen, dem Garten und der Natur sowie der Fotografie. Besonders liegen ihm dabei die Rosen und die ganze Welt der Stauden am Herzen. Seit über 15 Jahren betreut er beim BLV-Buchverlag als Lektor und Programmleiter das Gartenbuchprogramm und sorgt dort für innovative, informative und gut verständliche Bücher mit hohem ästhetischem Anspruch.

Impressum

Bibliografische Information der Deutschen Nationalbibliothek

Die Deutsche Nationalbibliothek verzeichnet diese Publikation in der Deutschen National-bibliografie; detaillierte bibliografische Daten sind im Internet über http://dnb.d-nb.de abrufbar.

2., überarbeitete Auflage des gleichnamigen Titels aus der Reihe »Mein Gartenberater«

BLV Buchverlag
GmbH & Co. KG

80797 München

© 2013 BLV Buchverlag GmbH & Co. KG, München

Grafiken
Heidi Janiček

Umschlagkonzeption: Kochan & Partner, München
Umschlagfotos:
Vorderseite: Garden World Images/ Georgianna Lane
Rückseite: Strauß

Programmleitung Garten: Dr. Thomas Hagen
Lektoratsassistenz: Janina Beckmann
Herstellung: Ruth Bost
Satz und Layout: Uhl + Massopust GmbH, Aalen

Gedruckt auf chlorfrei gebleichtem Papier

Printed in Germany
ISBN 978-3-8354-1090-9

Hinweis
Das vorliegende Buch wurde sorgfältig erar-beitet. Dennoch erfolgen alle Angaben ohne Gewähr. Weder Autoren noch Verlag können für eventuelle Nachteile oder Schäden, die aus den im Buch vorgestellten Informationen resultieren, eine Haftung übernehmen.

Ein Rausch aus Farben, Duft und Fülle…

Ute Bauer/Ursel Borstell
Zauberhafte Alte Rosen
Über 170 der schönsten Sorten im Porträt – auch moderne Nach-
züchtungen wie Romantica- und Englische Rosen · Gartengestaltung,
begleitende Rosenkavaliere aus allen Pflanzengruppen, Farbkombina-
tionen, rosige Stil- und Themenvariationen · Pflegepraxis, Verwendung.
ISBN 978-3-8354-0862-3